区域知识资本
结构测量与持续影响

黄希宇 黄之函 孙立新 伊若文 ◎ 著

REGIONAL KNOWLEDGE CAPITAL
STRUCTURAL MEASUREMENT AND SUSTAINED IMPACT

企业管理出版社
ENTERPRISE MANAGEMENT PUBLISHING HOUSE

图书在版编目（CIP）数据

区域知识资本：结构测量与持续影响 / 黄希宇等著.
-- 北京：企业管理出版社，2024.5

ISBN 978-7-5164-3063-7

Ⅰ.①区… Ⅱ.①黄… Ⅲ.①企业管理—知识管理—研究—中国 Ⅳ.①F279.23

中国版本图书馆CIP数据核字（2024）第082578号

书　　名：	区域知识资本：结构测量与持续影响
书　　号：	ISBN 978-7-5164-3063-7
作　　者：	黄希宇　黄之函　孙立新　伊若文
责任编辑：	张　羿
出版发行：	企业管理出版社
经　　销：	新华书店
地　　址：	北京市海淀区紫竹院南路17号　　邮　　编：100048
网　　址：	http://www.emph.cn　　电子信箱：504881396@qq.com
电　　话：	编辑部（010）68456991　　发行部（010）68701816
印　　刷：	北京亿友创新科技发展有限公司
版　　次：	2024年5月第1版
印　　次：	2024年5月第1次印刷
开　　本：	710mm×1000mm　1/16
印　　张：	13.25
字　　数：	220千字
定　　价：	68.00元

版权所有　翻印必究·印装错误　负责调换

前言

区域知识资本是指一个区域在价值创造过程中对知识及知识资本的认识与运用能力。传统上多认为区域目标的实现主要由有形资源来决定,而在知识经济背景下,无形资源则显得尤为突出。在过去的30多年中,区域知识资本已经受到了越来越多人的关注,不仅有学者和管理人员,而且有国家和区域的政策制定者。在新的知识经济中,区域的潜在生产要素发生了显著的变化,因此,必须要意识到能够导致价值创造的知识资本因素的重要性。

从知识的产生发展过程来看,它经历了一个"信息—数据—知识—智慧"的过程。从广义上来讲,信息、数据、知识和智慧是同一术语的不同表达方式,在相当多的文献中指的都是知识或知识资本。然而,从其定义和最终的商业用途上来讲,四者之间有着严格意义上的差别,对它们进行有效区分有助于对知识和知识资本理论的理解和应用。智慧是知识发展的最高形式,古老的智慧在中国被称为"道",在西方被称为"哲学"。"道"源自《易经》,所谓"一阴一阳为之道",体现的是变化,在知识资本理论视角上阐述的是其历史演化过程。"哲学"的本意是"爱智慧",其思想以"古希腊三贤"苏格拉底、柏拉图和亚里士多德为代表。

如何通过认识论来理解本体论,是方法论要解决的问题,而知识资本理论就是知识和知识资本的认识论、本体论和方法论。认识论是以人的主观去认识客观存在的,存在是客观的,对其认识是主观的。本体论是人去寻求客观存在之"本"的,即我们常说的"世界是物质的还是精神的"。比如,我说世界是物质的,存在的东西都是物质的,这就是一种本体论。如果你问我是怎么知道的,我就说凭感觉,当然也可以说通过推理,这就是认识论。本体论与认识论初看起来很不一样,但它们是交汇在一起的,认识论中有本体论,本体论中有认识论,这个关键交汇点就是人。认识论的基石是本体论,"凭感觉知道"其实是认定了感觉的本体地位。本体论的证据在于认识论,我们说什么东西存在,所能提供的证据都是源于认识论。换言之,"知其然"是本体论,"知其所以然"是认识论,"知其所以必然"则是方法论。

本书通过对知识和知识资本的追踪溯源,借鉴企业知识资本的相关概念、理论和模型,以西方哲学为纲、以中国哲学"道"为主体,从知识和知识资本的认识论、本体论和方法论3个方面阐释知识和知识资本理论的演化过程:(1)从知识和知识资本的认识论上,以知识过程循环为分析框架,围绕客观主义和解释主义两种认识论争论,澄清知识和知识资本相关概念的演化历程;(2)从知识和知识资本的本体论上,借鉴哲学和人工智能两个领域的本体论概念和知识资本领域相关学者的本体论观点,阐述知识资本的相关定义、结构(要素构成)和理论;(3)从知识和知识资本的方法论上,阐述知识资本的测量方法。

此外,在全球化和知识经济的背景下,根据国家对云南区域的政策指导和要求,以及云南区域的战略目标,本书对云南区域知识资本进行了两项实证研究。

首先,构建了云南区域知识资本因素组成的测量模型和因素之间互动的结构模型。通过问卷调查与数据分析,验证了云南区域知识资本由区域人力资本、区域内部结构和区域外部结构等3个因素构成,并且检验了3个因素之间的互动关系,发现区域内部结构在区域人力资本和区域外部结构之间起部分中介作用,也就是说,区域人力资本和区域内部结构均对区域外部结构有显著影响,但区域人力资本还可能通过区域内部结构对区域外部结构产生显著影响。这项研究考察了云南区域知识资本的多维度(三维度)特征。

其次,根据帕布利克提出的VAIC(Value Added Intellectual Capital,即智力资本增值系数)法,采用2007—2019年的面板数据,构建了云南区域知识资本的直接影响和持续影响模型,检验了云南区域知识资本及其组成要素区域人力资本和区域结构资本,以及区域物质资本对区域创新绩效的直接影响和持续影响,还特别分析了 2020 年云南区域整体和下辖 16 个州市的区域人力资本、区域结构资本的现状。这项研究的数据直接来源于《国家统计年鉴》和《云南省统计年鉴》，克服了云南区域知识资本测量模型和结构模型数据收集的困难。

最后，从战略视角、创新体系视角和产业集群视角，对云南区域知识资本的区域人力资本、区域内部结构和区域外部结构的优化提出了管理建议。

他山之石，可以攻玉。本书借鉴了众多学者和实践管理者的理论和观点，在此一并致谢，并向由于种种原因未能标注的作者致以深深的歉意。由于学识尚浅，错误在所难免，亦请方家不吝指正。

目录

第一章 绪 论 / 001

第一节 研究背景和研究内容 / 001
一、研究背景 / 001
二、研究内容 / 005
三、研究思路 / 008

第二节 知识资本概念的演进 / 009
一、商业视角的知识资本 / 009
二、宏观层面的知识资本 / 010
三、区域知识资本的参考模型 / 012

第三节 文献综述 / 013
一、国内文献综述 / 013
二、国外文献综述 / 016

第二章 理论渊源 / 019

第一节 知识和知识资本的认识论 / 019
一、知识与知识资本认识论的争论 / 019
二、知识过程循环的各个阶段 / 022
三、知识过程循环的认识论分析框架 / 027

第二节 知识和知识资本的本体论 / 034

一、本体论概念与应用领域 / 034

二、知识资本的定义和结构 / 035

三、知识资本理论的研究层次 / 038

第三节 知识资本的方法论 / 043

一、企业知识资本的测量方法 / 043

二、国家知识资本的测量方法 / 046

三、区域知识资本的测量方法 / 048

第三章 区域知识资本结构方程模型实证研究 / 053

第一节 区域知识资本的结构方程模型构建 / 054

一、区域知识资本背后的故事 / 054

二、研究假设与模型建立 / 055

三、区域知识资本的测量 / 058

第二节 数据分析 / 063

一、描述性统计分析 / 063

二、组成因素的测量模型检验 / 065

三、因素互动的中介结构模型检验 / 072

第三节 研究结论与假设验证 / 082

一、研究结论 / 082

二、研究假设验证情况 / 083

第四章 区域知识资本激励效应模型实证研究 / 085

第一节 导论 / 085

一、研究背景 / 085

二、理论基础 / 086

三、对 VAIC 法的评价 / 091

第二节　研究方法 / 094

一、研究假设 / 094

二、模型建立 / 096

三、变量的定义与指标的选取 / 097

第三节　数据分析 / 105

一、区域知识资本的描述统计分析 / 105

二、区域知识资本模型各变量相关分析 / 112

三、区域知识资本对区域创新绩效的直接影响分析 / 113

四、区域知识资本对区域创新绩效的持续影响分析 / 118

五、讨论与结论 / 124

第五章　区域知识资本的结构优化建议 / 129

第一节　云南区域知识资本战略转移模式管理策略 / 129

一、构建区域知识资本战略的必要性 / 130

二、理论基础 / 131

三、区域知识资本战略转移模型的构建 / 133

四、区域知识资本战略转移模型的应用策略 / 137

五、区域知识资本战略转移模型的总体分析 / 142

第二节　云南区域知识资本创新体系管理策略 / 147

一、研究背景 / 147

二、云南区域知识资本创新体系的内容 / 149

三、知识资本创新体系的主体：区域人力资本 / 151

四、知识资本创新体系的主要因素：区域内部结构 / 153

五、知识资本创新体系的主要因素：区域外部结构 / 155

　第三节　区域知识资本产业集群分析框架管理策略 / 158

　　一、研究背景 / 158

　　二、生物医药产业集群的区域知识资本三要素分析框架 / 162

　　三、基于知识资本要素的区域生物医药产业集群管理策略 / 165

第六章　结论与展望 / 175

　第一节　研究结论 / 175

　　一、主要的基础理论 / 175

　　二、实证检验发现 / 176

　　三、管理策略 / 177

　第二节　研究价值与创新之处 / 179

　　一、研究价值 / 179

　　二、创新之处 / 180

　第三节　研究局限与未来展望 / 181

　　一、研究局限 / 181

　　二、未来展望 / 182

参考文献 / 185

附录：云南区域知识资本调查问卷 / 201

第一章 绪 论

> 知识经济的核心是知识资本、无形价值的概念,即知识资本、无形资产在价值创造中的作用。基于知识的资源或无形资产是知识资本的核心利益点,通过识别知识资本的概念及其结构,人们正在对知识资本有一个更清晰的理解。

第一节 研究背景和研究内容

区域知识资本研究的兴起和受到重视绝不是偶然现象,而是有着深刻的全球化和知识经济背景。

一、研究背景

(一)全球化和区域化的矛盾急需寻求一种动态平衡

全球化正在使国家、区域和企业的经济结构发生深刻的变化,跨国公司根据技术或劳动技能水平细分生产工序,将劳动密集型活动转移到第三世界的出口平台成为家常便饭。通常情况下,高科技仍然被第一世界的公司所垄断,而把零件加工(组装和测试计算机芯片)、零件商品(制药设备、发动机、汽车零部件)和消费品（照相机、电子游戏、电视和录像机）转移到海外，在第三世界国家进行生产。

全球化是一种连贯的企业盈利方式，它创造了一种条件，在这种条件下，贸易是由一些政治精英和经济精英在世界范围内组织起来的。这些精英作为一个力量集团，确保生产者和消费者跨越时空，在一个日益受到世界贸易组织（WTO）等超国家实体监管的全球市场中相互联系，它强调自我调节市场的社会效益，支持比较优势理论，并展望了创业精神为区域经济带来效益的前景。

区域在全球经济中被分配了特定的角色，产品生产和分销的协调工作集中由公司进行，而作为全球总体计划的一部分，一些区域必须执行特定的任务。资金和产品的流动使跨国公司得以蓬勃发展，同时也增加了某些生产地区的经济不稳定和脆弱性。在有些国家对外国公司缺乏控制的情况下，资本撤出的威胁侵蚀了国家对国内政策的主权。如在20世纪70年代和80年代亚洲的某些地区，追求利润的跨国公司与顺从的国家相结合，意味着相对廉价的劳动力的"解锁"，随之而来的是一种原始的、无情的经济发展形式，往往伴随着环境退化，劳动力与资本的关系更加稳固。自由贸易的确是一件美妙的事情，遗憾的是，富裕国家并没有言行一致，他们不仅密谋将贫穷国家的主要出口产品（农产品和纺织品等）拒之门外，还忙于通过优惠协定瓜分世界市场，这些协定"嘲弄"了自由贸易。

全球化进程对区域影响的性质和程度正占据着世界各地不同学科的研究人员的思想：全球化正在破坏地方空间和社会制度吗？它是否为区域经济增长创造了机会？它对自然环境的影响是积极的还是消极的？全球化能否为区域人民带来好处？如果可以，那么要如何利用全球化？这些只是学术界和政策制定者讨论的一些问题，也许更重要的是，当地区域的成员正在努力了解全球化，并寻求从全球化中获益。

（二）知识经济为区域发展提供了一个战略机遇

很难想象任何一个发达国家或新兴国家的主要区域不是把知识经济视为一个战略机遇，严格地说，区域本身不会这样做，我们知道，正是制度基础设施使区域治理成为可能。在知识经济的背景下，财富的创造取决于知识的生产和开发，这不仅涉及创造经济价值所需的科学技术知识，也涉及实践知识。知识经济时代的影响是普遍的，一些发展中国家正在从管理经济向知识经济转变，而向知识经济活动的转变也是创新型经济产生的驱动力。

对知识经济文献的回顾表明，技术和信息基础设施是知识社会和新经济转型的主要因素。知识经济框架的四大支柱是：①经济激励和体制制度，能够提供良好的经济政策和体制，允许有效地调动和分配资源，并激发创造力和进行激励，以有效地创造、传播和使用现有知识；②受过教育和技术熟练的工人，能够不断地提高和调整他们的技能，以有效地创造和使用知识；③一个由企业、研究中心、大学、咨询公司和其他组织组成的有效创新体系，能够跟上知识革命的步伐，利用不断增长的全球知识储备，吸收并适应当地需求；④能够促进有效沟通、传播和处理信息和知识的现代信息基础设施。在这其中，人的脑力需要得到更多的强调，也就是说，新经济的关键位置不是在技术上——无论是微芯片还是全球电信网络，它都存在于一个人的思想之中。在过去的几十年里，随着向知识经济的过渡，新的学科和研究领域得到了发展，实践者和学者试图将知识概念化，从而一个新的研究学科出现了。

然而，知识经济的概念本身就是一个备受争议的主题，虽然近年来出现了一些清晰的概念，但有证据表明，在整个区域范围内，知识经济的成果绝不是一致的。例如，流行的知识经济概念将知识视为生产的关键因素，是土地、劳动力、资本和企业家精神等其他生产要素的一个组成部分。从这个意义上来说，当代的一些行业和企业并不仅仅是以知识为中心，它们利用知识来区分其产品和服务，严重依赖知识资产来为所有相关的活动和过程增加价值。这些类型的业务与附加值较低的企业不同，后者通常在当地区域经济中更为明显。那么问题来了，一个区域的本地经济应如何将这些资产聚集起来，从而使之成为知识经济？

知识经济或德鲁克（Drucker，2001）所称的"下一个经济"明显不同于以往。斯彭德和马尔（Spender & Marr，2005）写道：人们对知识已成为企业最具战略意义的资产这一观点具有极大的热情……然而，与之相匹配的，是如何对知识进行运作的理解……因为它是一种不同类型的资产……现在的经济比以往任何时候都表现为知识更加密集。这既适用于产品和服务的生产和销售方式，也适用于全球饱和市场中竞争优势的本质，在这种市场中，"差异化和创新变得至关重要，而且以成本为中心的管理工具不能为管理人员提供充分的信息"。

然而，由此产生的问题是：什么是知识？知识是以什么方式存在的？它是"一种不同类型的资产"，如何最好地使其可操作化？

（三）知识资本是影响区域创新的关键因素

全球化和知识经济不仅对国家层面，而且对大多数地区都是新的挑战。也正因此，那些拥有成功的区域资产（如高技能工人、适当的机构和政府政策）的地区更容易在全球竞争中获得成功。在知识经济中，知识资本决定着区域的创新能力和区域的经济增长，知识资本开发是影响区域创新能力和区域创新系统的关键因素。波尔弗和艾文森（Bounfour & Edvinson, 2005）指出，就未来财富创造而言，只有那些拥有知识密集型产业的国家才会成为赢家。

2005年6月20日，第一届"知识经济中的社区知识资本：国家、地区和城市"世界会议在法国巴黎举行。它是由马恩－拉瓦莱大学（University of Marne-LaValle）与世界银行合作组织的。会议的目的旨在提高认识，刺激知识资本领域的思考，促进建立区域知识资本的形态化。会议寻求解决的问题是：国家知识资本的可视化；发展知识资本集群内部和集群之间的知识流动；培育区域知识资本的效率与更新；利用知识资本，通过创新的社会制度，促进国家的集体财富方面和城市的"智能化"。

会议组织者认为，解决这些问题将在管理和报告无形资产方面取得进展。虽然无形资产越来越被认为是提高绩效的决定因素，是提高组织竞争优势最重要的基础，但核心问题仍然是关于评估无形资产、评估无形资产在知识经济中的作用。这次会议引人注目之处在于，它是理解企业以外知识资本地位的首次努力，也是一次相当成功的努力（Chatzkel, 2006）。

虽然我国在过去的40多年里在经济增长和脱贫方面取得了令人瞩目的成就，但是现在仍面临着艰巨的挑战，如在未来如何确保就业率增长，继续保持经济稳定增长，提高国际竞争力，缩小贫富差距等。知识经济和信息革命加剧了这些挑战，包括整体教育水平低、自主创新能力薄弱、研发与产业联系不紧密等。为了在这个新时代实现繁荣发展，我们必须欢迎知识革命，并在农业和工业部门特别是服务业发展方面有效地利用知识。此外，还需向保护和改善环境、可持续的经济转型，更好地利用相对有限的自然资源。

就区域而言，作为我国西南边陲的重要门户，云南省有着悠久的历史遗产和厚重的文化底蕴，傣族孔雀舞、彝族阿诗玛、贝叶经制作技艺等多项世界非物质文化遗产跻身于世界之林，距今约170万年前的元谋人见证了古老的人类文明发祥地，丽江古镇曾是茶马古道上各路客商聚首交易的地方，宜人的气候和独特的区位特点，构成了云南区域独特的知识资本。那么，该如何评估和测量这些无形的知识资本使之显性化，更好地为区域经济服务呢？

二、研究内容

（一）研究对象和研究问题

本书的研究对象为区域知识资本。

1. 相关概念

区域经济也叫地区经济，指分布于各个行政区域的那部分国民经济，它的形成是劳动地域分工的结果。在长期的社会经济活动中，由于历史的、地理的、政治的、经济的以及宗教等因素的作用，一些在经济等方面联系比较频繁的居民区逐渐形成了各具特色的经济区。区域经济是国民经济的缩影，具有综合性和区域性的特点。

区域知识资本是一个地区在实践和潜在上能够表达的整体无形资产：在一个地区内，这些无形的东西作为资源的集合来运作，然后，财富通过物质资本、商品、建筑、基础设施等有形资产和认知过程、智力、文化、价值、情感等无形资产之间复杂的动态交换被创造出来，个人、群体或组织通过转换形成有形和无形的价值。

2. 激励效应

知识资本的激励效应，指的是知识或知识资本的溢出效应。

3. 样本来源

本研究以云南省为例，数据来源于《中国统计年鉴》《云南省统计年鉴》及第一手问卷调查。

（二）研究问题

1. 具体问题

本研究旨在构建区域知识资本的概念基础，在此基础上构建区域知识资本的多维测度体系，并考察其有效性。本研究采用结构方程模型构建区域知识资本的测量模型和结构模型，以 VAIC 法评价区域知识资本，并检验区域知识资本激励效应的持续影响，明晰区域知识资本各因素之间的关系，使无形资本显性化，并提出管理对策。由此，本研究所要研究的问题包括以下几个方面。

（1）区域知识资本如何界定？它有哪些基础理论？

（2）区域知识资本由哪些要素构成？

（3）区域知识资本激励效应的理论模型是什么？

（4）激励效应的理论模型检验是否通过？

（5）如何发挥激励效应，优化区域知识资本结构？

2. 研究重点

（1）区域知识资本结构模型的构建，包括区域知识资本测量指标的选取和提炼、测量模型和结构模型的构建与检验。

（2）区域知识资本激励效应的理论模型构建与检验。

（3）提出区域知识资本的创新管理策略。

3. 研究难点

（1）云南区域知识资本指标的选取。

（2）结构方程模型的构建与数据的适度拟合。

（3）运用帕布利克（Pulic，1998、2008）开发的 VAIC 法对云南区域知识资本进行评估和测量，采取针对性措施进行有效管理。

（三）总体框架

本研究拟采用结构方程模型和面板数据，通过理论归纳、适当的指标构建区域知识资本的测量模型，对创新绩效激励效应进行理论分析，并通过数据加以实证检验，最后对区域知识资本的创新管理提出对策建议。本项目的总体框架分为区域知识资本的理论基础、区域知识资本的测量模型和结构模型、区域知识资本激励效应的理论模型构建与检验、区域知识资本的结构优化4个主要部分。

1. 区域知识资本的理论基础

通过对已有文献的回顾分析，归纳区域知识资本的基础理论，主要涉及知识资本的西方哲学认识论、管理学中的知识管理理论、社会学中的社会资本和社会网络模型等，为云南区域知识资本的测量、激励效应理论模型的构建和结构优化提供理论支撑。

2. 区域知识资本的测量模型和结构模型

结构方程模型（Structural Equation Modeling，SEM）分为测量模型和结构模型两部分。一方面，根据相关文献，本项目假设区域知识资本包括区域人力资本（Regional Human Capital，RHC）、区域内部结构（Regional Internal Structure，RIS）和区域外部结构（Regional External Structure，RES）3个组成因素，即H-I-E结构。另一方面，借鉴邦迪斯（Bontis，1998）的知识资本钻石模型，建立组成因素间相互作用的结构模型，即因素中介模型。同时，假设区域人力资本通过区域内部结构作用于区域外部结构。

3. 区域知识资本激励效应的理论模型构建与检验

根据帕布利克开发的VAIC法进行修正，以知识资本的人力资本、结构资本两个因素为自变量，以物质资本为控制变量，以创新绩效为结果变量，采用EViews 6.0软件进行面板数据分析，探讨区域知识资本各因素对创新绩效的作用机制及持续效应。

4. 区域知识资本的结构优化

针对区域知识资本发展现状和数据分析中存在的问题，构建区域知识资本的战略发展及结构优化模式，并提出相应的策略思考。

三、研究思路

（一）研究方法

1. 文献研究法

对知识资本相关文献进行整理，形成区域知识资本的理论，包括知识和知识资本的认识论、本体论和方法论。

2. 访谈与问卷调查

对相关主管部门人员进行访谈，咨询区域知识资本的数据收集及政策建议，形成调查问卷，以检验区域知识资本的测量模型和结构。

3. 结构方程模型

结构方程模型是一种多元回归统计方法，也称路径分析，可以同时处理多个因变量和多个自变量，与传统回归方法相比有很多优点，因此本研究用其来构建区域知识资本模型。

4. 面板数据分析

面板数据分析是一种更直接的衡量一个或几个变量对另一个变量影响的方法。在区域知识资本对创新绩效的直接影响和持续影响中，我们以知识资本的两个因素（人力资本、结构资本）为自变量，以物质资本为控制变量，以创新绩效为结果变量，采用 EViews 6.0 软件进行面板数据分析，探讨区域知识资本及其两个因素对创新绩效的作用机制及持续效应。作用机制模型检验 t 年的区域知识资本对创新绩效的影响，持续效应模型检验 t 年的区域知识资本对 t+1 年创新绩效的持续影响。

（二）研究路线

本研究首先根据所要解决的问题，对知识资本相关文献进行分析，同时结合区域知识资本的特点，选取适当的测量指数；其次根据所提炼的测量指数形成知识资本的构成维度，据此构建结构方程模型，并收集数据进行实证检验；最后针对区域知识资本的结构方程模型分析结果，提出有针对性的对策与建议。研究技术路线如图 1-1 所示。

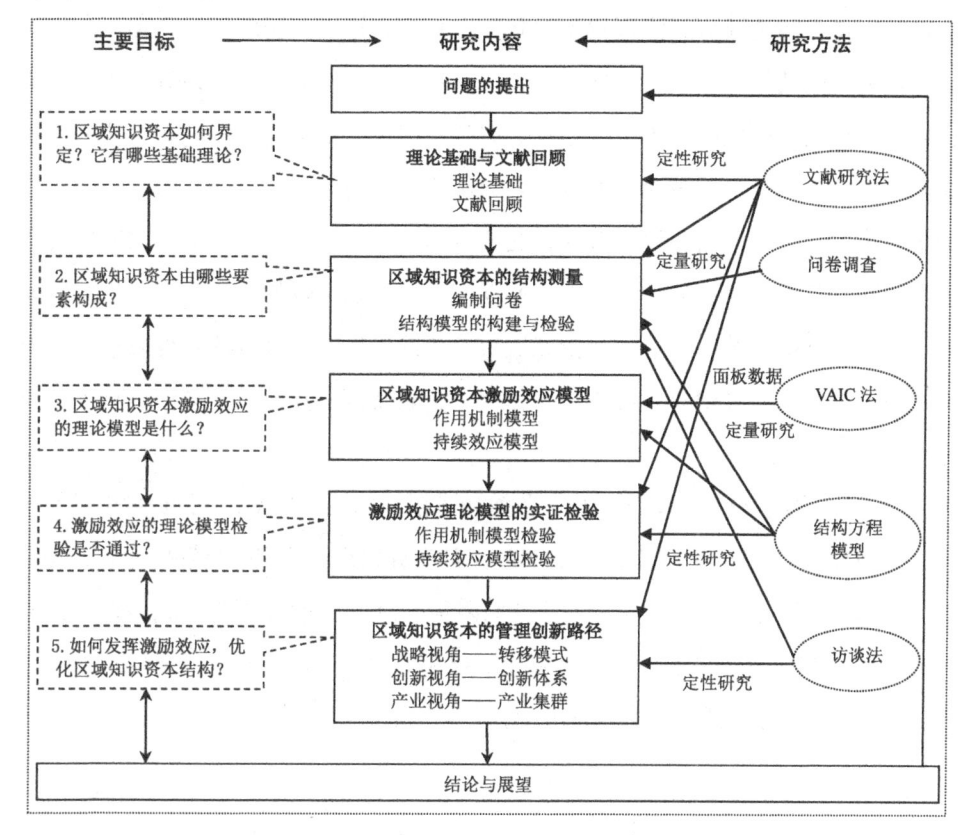

图 1-1　研究技术路线

第二节　知识资本概念的演进

知识资本概念大致经历了"商业视角的知识资本—宏观层面的知识资本—区域知识资本"的演变过程。

一、商业视角的知识资本

无形资产的测量和评价是一个新的仍处于起步阶段的研究领域，特别是关于区域知识资本，迄今为止很少有人在区域的背景下研究这一问题。从知识资本视角来看，在不同的社会经济领域创建和交换信息和知识，创新的气氛和技术转让的过程是决定其关系体系的基础，因此，只有发达经济体中一系列具有创造价值和社会福利能力的地区或国家，才符合"智慧国家"的描述。在商业领域，由于知识的现状不同，在宏观层面上有不同的建议和应用。然而，一些研究工作正处于早期阶段，迄今为止还没有普遍接受的评估结果的方法，一些学者和管理者所提出的建议仅限于系统的汇编数据，而没有任何可供比较的参考框架。在对不同的方法进行分类之前，我们需要指定所要使用的概念。从商业的角度来看，知识资本是一种传统会计信息系统不可见的价值，它是基于资产在未来产生价值的能力来评估资产的。

早在20世纪90年代中期，自卡普兰和诺顿（Kaplan & Norton，1992）以及艾得文森和马龙（Edvinson & Malone，1997）的研究以来，公司的市场价值和账面价值之间的差异就被确定为知识资本，并归因于人力能力和组织结构等因素。此外，当我们更仔细地观察一个领域的知识资本或无形资本的价值时，只能发现与应用于公司的方法相比其规模上存在的差异。

二、宏观层面的知识资本

在宏观层面上，世界各地应用于无形资本或知识资本的模型和测量方法可以分为两大类：专门用于测量和管理国家或地区的知识资本的项目；与制订国家或区域指标有关的竞争力分析和其他研究。

（一）专门用于测量和管理国家或地区的知识资本的项目

其中，大多数人是以艾得文森和马龙的斯堪的亚导航器模型（Skandia Navigator）作为起点，这可以从以下情况中看出。

伦贝（Rembe，1999）使用了一系列指标来定义瑞典未来几代人的战略计划，考虑不同类型的资本，包括人力资本（生活质量、预期寿命、教育等）、市场资本（旅游、服务平衡等）、流程资本（管理质量、信息和通信技术等）和革新资本（研发、年轻人比例等）。这项研究为以色列（Pasher，1999；Bontis，2004）和马来西亚（Bontis et al.，2000）等地区的其他类似研究铺平了道路。在后一项研究中，一群 MBA 学生充当一组专家，填写了一份问卷，利用一种非常独特的方法分析了该国工业和服务部门的知识资本，得到的结果使我们能够在可接受的统计显著性水平上建立资本形式之间的一些关系。此外，Bontis（2004）对阿拉伯国家的研究也令人颇感兴趣。

罗德里格斯等（Rodriguez et al.，2004）来自知识社会研究中心，他们基于智力模型为马德里地区的知识资本制作了一个模型。它区分了 5 种相互关联的区域资本类型——人力资本、组织资本、技术资本、社会资本和金融经济资本，并为每一项指标都提出了建议。

洛佩斯等（Lopez et al.，2006）提出了一个适用于欧盟 25 个地区的模型，林和艾得文森（Lin & Edvinsson，2008）提出了一个适用于 40 个国家的模型，阿尔法罗等（Alfaro et al.，2011）则提出了一个适用于欧盟的模型。

（二）与制订国家或区域指标有关的竞争力分析和其他研究

荷兰经济关系部的《2000 年荷兰基准研究》旨在对发展水平高于荷兰的国家进行基准分析，并评估这些国家的经济状况。它以竞争力指标为基础，定义了特定的工作领域（宏观经济环境、人力资本、创新环境、有形基础设施、产品市场和金融市场），并根据 SWOT 分析法为每个领域制定了指标。

自 2000 年以来，欧盟委员会发布了"欧洲创新记分牌"，它是基于一系列广泛的指标，包括结构条件、知识创造、企业创新努力以及新产品、服务和知识产权方面的产出，其目的是对欧盟 27 个成员国与克罗地亚、土耳其、冰岛、挪威、瑞士、日本、澳大利亚、加拿大、美国和以色列进行比较分析。

我们还必须强调世界银行（World Bank，2006）对 120 个国家的研究，或斯塔尔和波尔弗（Stahle & Bounfour，2008）的分析，其中包括 2000—2005 年期间的 51 个国家数据。赫尔瓦斯等（Hervas et al.，2011）从创新系统文献中提出了国家知识资本理论与国家创新系统之间的趋同问题，研究的目的是提供一个更健全的理论框架，以探讨无形资产的驱动因素，以及通过发展国家知识资本平台来提升竞争力的政策。

阿特金森（Atkinson，2017）试图衡量和研究美国经济政策的趋势，以建立适应新环境的最佳方式。其撰写的报告建立在1999年、2002年、2007年、2008年、2010年和2012年发布的6个州新经济指数的基础上。与其他一些评估各州经济表现或州经济政策的报告不同，本报告更集中地关注一个简单的问题：各州经济结构在多大程度上符合新经济的理想结构？例如，我们知道新经济的一个决定性特征是它是全球性的，因此，该指数使用了许多变量来衡量各国经济的全球一体化程度。总体而言，该报告使用了25个指标，分为5个类别，最能反映新经济的新特点。

（1）知识岗位，包括IT行业以外的IT专业人员的就业情况，由经理、专业人员和技术人员担任的工作，全体劳动力的教育程度，知识型员工的移民，国内知识工人的移徙，制造业的工人生产率，高薪贸易服务业的就业等指标。

（2）全球化，包括制造业、服务业和外国直接投资的出口导向等指标。

（3）经济活力，包括工作流失程度（即新创业和现有业务失败的百分比）、德勤科技500强公司的数量、公司首次公开募股（IPO）的数量和价值、创业人数、个人发明人被授予的专利数量等指标。

（4）数字经济，包括州政府使用信息技术提供服务的程度、农民使用互联网和电脑、宽频通信的普及率和速度、信息技术在卫生领域的应用等指标。

（5）创新能力，包括电子制造、通信、生物医学等高科技产业的就业岗位数量，劳动力中科学家和工程师的数量，被授予的专利数量，在研发方面的产业投资，在研究和开发方面的非工业投资，向清洁能源经济发展，风险投资等指标。

三、区域知识资本的参考模型

总的来说，这些研究都表明，就像企业一样，没有明确的方法或参考框架来衡量地区的知识资本。如果转向区域知识资本模型的应用，我们会发现关于这一主题的文献更少，只能辨别出4种可能的方法。

第一种是基于应用商业中使用的模型，并进行了必要的微调，即上文中提到的艾得文森和马龙将知识资本的导航器模型用于区域。

维德马等（Viedma et al.，2004）在建立了两个模型的基础上引入两种方法来衡量和管理区域的知识资本。一种是一般性的，基于确定的愿景、资产、技能和指标。另一种方法更加具体，为每个区域确定主要的工业微集群，并为每一个人编制调查问卷，以产生相关指标，然后将这些指标与其他区域的尖端微集群进行比较。这种基于业务的分析方法在卡斯蒂亚-拉曼查地区（Castilla-La Mancha）得到了应用。

麦塔肖提斯和厄格扎克斯（Metaxiotis & Ergazakis，2011）提出的 KnowCis 2.0 方法论，旨在帮助地方当局制定"知识区域"战略。该方法包括5个阶段：诊断；制定策略；制定详细的行动计划；实施；测量/评估。其主要贡献是选择和制定"以公民为中心的具体行动"，以实现战略的具体目标。

区域知识资本指数提供了一个衡量区域隐性财富的指标，是一个具有长远眼光的新指标，这些资本对于估计区域的经济增长和确定哪里有可持续增长的最佳条件至关重要。

第三节 文献综述

一、国内文献综述

（一）文献发表年度趋势

本研究通过以"区域知识资本"为"篇关摘"（是指在篇名、关键词、摘要范围内进行检索）在中国知网上搜索，截至2023年9月30日，共发现5533篇文献。其中，最早的一篇发表时间为1957年，里面所讨论的还不是本研究意义上的区域知识资本，但自20世纪90年代起，对区域知识资本的研究一直呈上升趋势，2022年发表350篇，2023年可发表391篇（预测值），如图1-2所示。

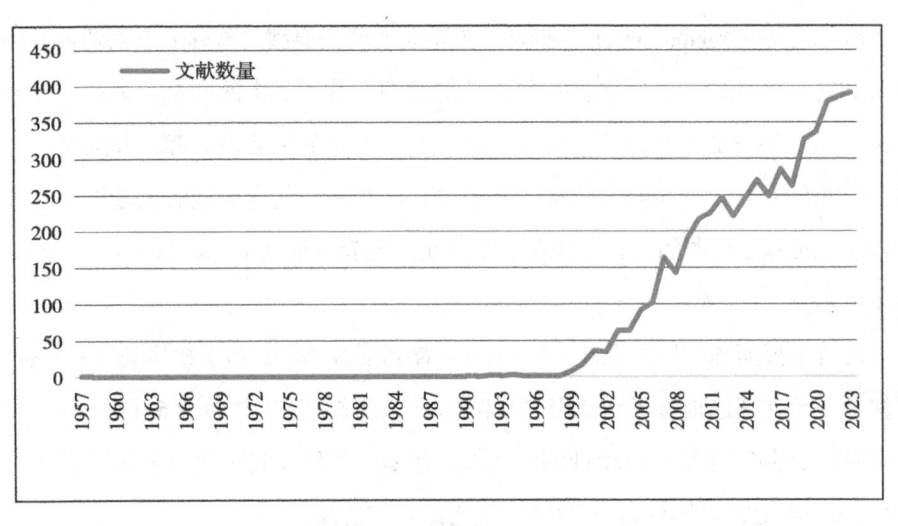

图 1-2 文献发表年度趋势

（二）作者发表数量

在我国，历年来文献发表最多的作者是曾刚，共 7 篇，遗憾的是仅有 1 篇为第一作者。文献发表总量排名第二的有两位作者，一位是王鹏，共发表 4 篇，其中以第一作者身份发表 2 篇；另一位是王灿华，与王鹏合作发表过相关文献。发表过 3 篇的作者较多，有吴玉鸣、吴福象、申玉铭、黄凌云、林晓言、曹贤忠、傅元海、吴慈生、黄海刚、张清正、唐辉亮等，如图 1-3 所示。

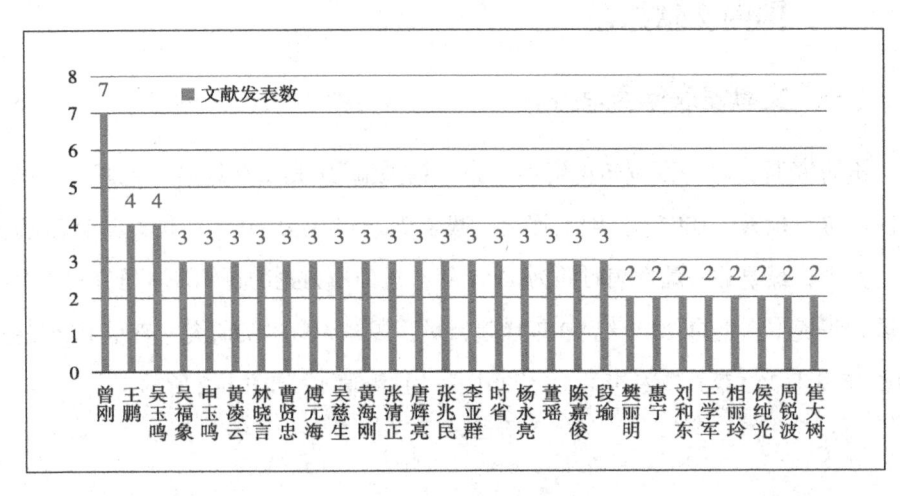

图 1-3 作者文献发表总量

(三)研究内容

从研究内容上来看,关于开发研究和政策研究方面的区域知识资本文献最多,达 872 篇;其次为应用研究和政策研究方面,共 506 篇;其他还有应用研究(278 篇)、开发研究和管理研究(204 篇)、应用研究和管理研究(196 篇)、开发研究和行业研究(166 篇)等,如图 1-4 所示。

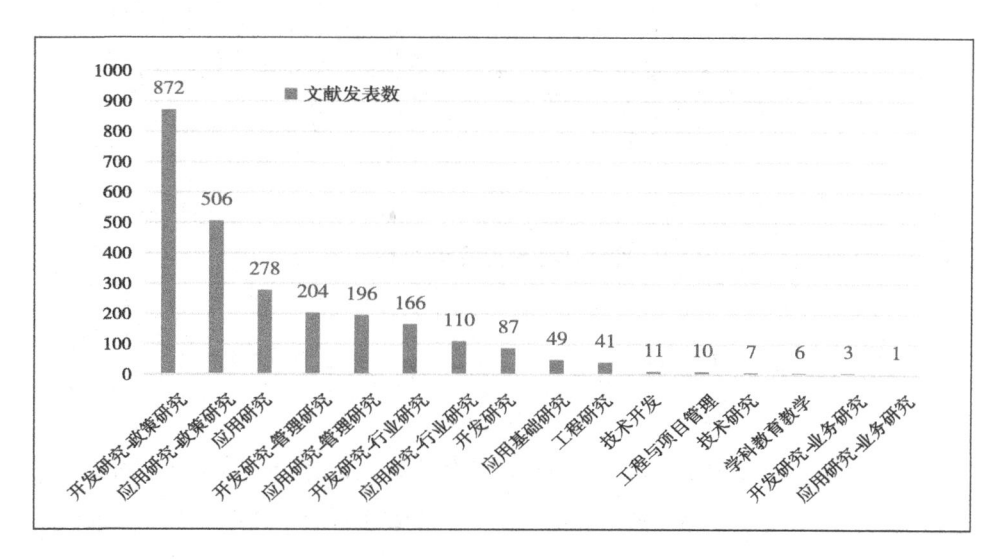

图 1-4 研究内容分析

(四)研究主题

从研究主题上来看,以人力资本居多,达 254 篇;其次为经济增长,为 230 篇;再次为实证研究,有 180 篇;其他还有影响因素研究(124 篇)、产业集群(111 篇)、区域创新(100 篇)等,如图 1-5 所示。

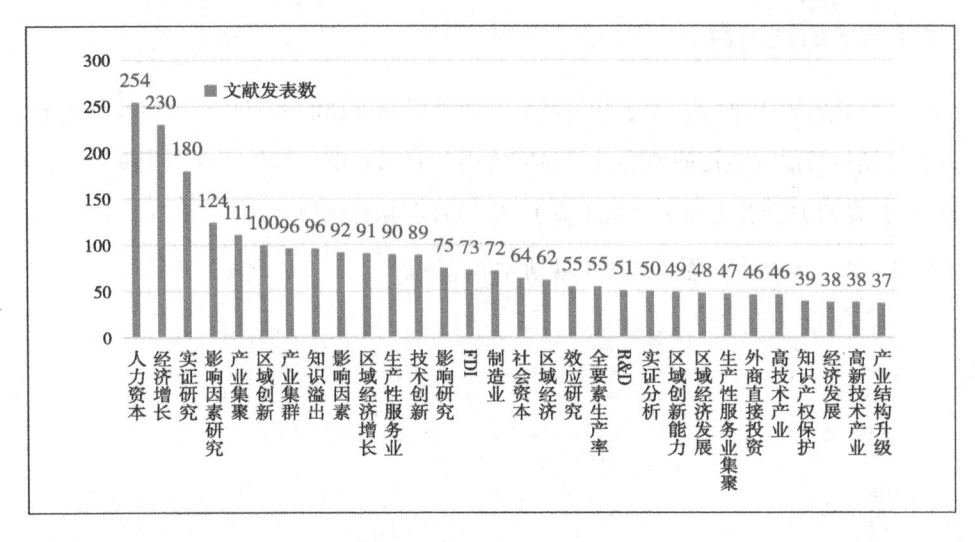

图 1-5 研究主题分析

二、国外文献综述

区域知识资本与国家知识资本有很多相似之处，但它们并不完全相同。人们通常认为，最重要的智力资源是那些有助于创造竞争优势，从而改善一个地区经济状况的资源，如果不把这种贡献与创造竞争优势联系起来，就很难界定这种贡献。然而，人们普遍认为，知识资本是一个地区或国家的个人、组织、机构和社区的隐性价值，是国家和地区未来财富和潜在增长的基础。知识资本是一个已经存在了 30 多年的理论，但在区域和国家层面的探索仍然很少。

（一）区域知识资本的测量方法

在地区和国家层面上，知识资本的定义广泛而复杂，可以从不同的角度来解释它。这种不确定性导致某些知识如伦理、文化、历史等，被排除在测量指标之外，使得容易测量的指标可能不能完全反映区域知识资本。一些引入国家知识资本基准指数的研究者强调，指标的供给是有限的，有一部分知识资本是无法测量的。不同的国家智力指数，如国家知识资本指数（NICI）、知识资本指数（ICI）、知识资本监测（ICM）、40 国国家知识资本指数（NICI40）等，包括不同的指标和不同的知识资本分类，哪种解释最好并不确定。

通常研究者们是将基准测试用于诊断目的，然而基准测试方法所提供的信息的相关性值得怀疑，因此，又试图从区域维度出发找到一种更好的方式来获取知识资本并将其用于区域需求。

无形资源的独特性是另一个值得关注的问题。Chaminade 和 Johanson、Angel 和 Ortiz 在组织层面上强调独特性和语境情境，Schiuma 等和 Lonnqvist 等认为这在国家层面上也是正确的。一些研究强调，无形资源对于特定的国家来说是独一无二的，在评估知识资本时必须考虑独特性。

除了国情不同，各国的发展目标也不同，不难理解，区域层面也面临着同样的问题。每个地区都是独一无二的，拥有独特的资源和特定的环境，因此，知识资本测量方法必须解决这个问题，并提供一种考虑独特性的方法。区域知识资本视角更具目标导向，考虑了区域发展目标，具有更好的实践导向，区域竞争力成为该方法的主要关注点。

（二）区域知识资本的视角

区域知识资本的结构是基于期望的结果或愿望，例如可持续的经济发展、社会福利和竞争性发展等，如表 1-1 所示。Kozak 针对特定的战略目标开发了一个区域知识资本管理框架，尚未获得批准。然而，在实践中需要以区域目标为导向，对竞争力和知识资本进行解释，并结合区域的背景情况加以评估。尽管在测量框架中会有不同的知识资本维度，但最常见的分类是人力资本、结构资本和关系资本，在本书中也提到了这种分类。

表 1-1 区域知识资本视角

作者	区域发展目标	知识资本维度
Rodriguez & Viedma（2006）	可持续的经济发展	制度与治理 社会框架 社会资本 技术区域 人力资本

续表

作者	区域发展目标	知识资本维度
Medina et al.（2007）	可持续性培训与发展	公共管理 社会资本 环境资本 旅游资本 经济活动
Lerro & Schiuma（2009）	竞争性发展	人力资本 结构资本 关系资本
Lonnqvist et al.（2014）	社会福利	地区的多样性 丰富的知识 教育 大学 大学和青年带来的活力 良好的地区形象 持续能力 较强的和多样化的能力 地区的行动者 意气相投的气氛 愿意寻求共识和和解 渴望面向未来 发展
Yigitcanlar et al.（2014）	知识发展	人力与社会资本 环境 制度资本 经济
Kohl et al.（2015）	区域发展	人力资本 结构资本 关系资本

第二章 理论渊源

> 区域知识资本的核心是知识,由于对知识的不同理解,产生了知识资本概念的差异,这主要体现在知识和知识资本的认识论、本体论和方法论上。

第一节 知识和知识资本的认识论

在哲学意义上,认识论指的是人类如何看待世界和自身的理论,西方哲学中的认识论为探索知识和知识资本的演化过程提供了理论渊源。本节根据语言学和符号学理论,借鉴威廉姆斯(Williams)的知识过程循环(KPC)认识论,提供了一个综合分析框架,以澄清长期以来在知识和知识资本认识论上存在的客观主义和解释主义的混淆。

一、知识与知识资本认识论的争论

(一)知识本质的讨论

目前关于知识与知识资本认识论的争论虽然有趣,但性质各不相同,而且大多缺乏共识。从某种程度上来说,马尔等(2005)的观点是正确的,真正重要的是开发知识资本的实际应用。然而，有些领域已经取得一些进展，例如，关于知识和知识资本是由什么构成的，以及我们处理的是知识、知识资本和认识论的不同"性质"还是"类型"的问题等。

根据已有文献，知识资本可以被定义为一个术语，它描述了我们如何开发、测量、报告以及管理知识的工作、工人、产品和服务、环境等。要做到这一点，有必要了解知识和对它的不同认识、构成要素及其相互关系、知识生产及其生产过程，以及认识论，比如什么是知识，知识是如何被发现或产生的，它是如何管理和共享的，等等。

从相关文献来看，关于知识本质的讨论通常集中在以下几个方面：知识是一个物体还是某种意义？知识是一个对象还是一个过程？知识是主观还是客观？知识是隐性还是显性？知识是实证主义还是解释主义？知识是代表主义者还是建构主义者？

不幸的是，这对我们没有多大帮助。所有这些问题的答案都是"两者都有，看情况而定"。换言之，在不同的环境中，根据其不同的要素组成形式，知识可以是这些说法中的任何一个或多个。

（二）知识是对象还是意义

斯彭德和马尔（2005）从知识是对象（Alshanty，2019）还是意义（Schubert、Lincke & Schmid，2016）的问题开始了他们的讨论，他们把这个讨论与客观主义和解释主义这两种不同的视角联系起来。在解释主义的框架中，知识是由被认识的现象和被认识者的某种结合或融合所决定的；与之相反的是客观主义的方法，即"知者对数据毫无贡献"，因为这种意义是由现象本身所决定的。

符号学及其分支学科语言学在这方面可以提供帮助，仔细阅读路德维希·维特根斯坦（Ludwig Wittgenstein）的观点可以加深理解，他的观点远不是新维特根斯坦主义的"最极端的论点"所能涵盖。享誉世界的意大利哲学家安伯托·艾柯（Umberto Eco，1978）很聪明地总结了符号学的基础。他问："什么是符号？"回答是："可以用来说谎的东西。"在以这种方式表述符号的过程中，他强调了符号本质上的随意性和常规性（非具象性），还借用了语言学的基本原则，即区分符号的两个方面——所指和能指。

更具体地说，语言学是基于语言符号的声音元素（音素）和这些音素的基本组合的双重发音，并赋予意义。这两个层次的选择和组合都是常规的和任意的。法国结构主义思想家罗兰·巴特（Roland Barthes）说："每一次使用都成为其自身的标志"；维特根斯坦则简单得令人迷惑："意义就是使用。"

一个有趣而富有启发性的例子是"达达"（dada）这个词，它是由 20 世纪早期的一群超现实主义者创造的。这个词似乎是故意创造出来的，是一个"无意义"的词，由"da"重复而组成，"da"是最简单的词素之一，没有任何内在含义。如果非得要说出它的含义是什么，那它指的就是"自动化"，就像屏幕上的截图一样，它不是由任何有意识的智力过程产生的一种人工制品。然而，某个群体内部的人很快开始认识到这个模式，使用"达达"这个词可以在该群体内做什么，这样它便越来越多地被用于一个特定的群体内，形成了现在的两个知名术语：达达和达达主义。

这可以追溯到关于知识本质的争论。关于这些问题的广泛共识可概括如下（Williams，2005）：符号学、语言学和语言哲学的基本原则表明，符号组成要素的性质，以及这些要素在不同层次或"表达"中的组合，既随意又传统。……理论上，所有的符号都可以是不同的，但任何符号都不能脱离惯例而存在，也不能脱离一个建立和维持这种惯例的社团，即使是一两个人的社团，他们之间只有几个符号。所有的符号都是社会建构。

这应该有助于我们避免误导性的陈述，如斯彭德和马尔（2005）所言："我们看到数据和意义可以分为两种截然不同的知识，一种是现象本身固有的，另一种是由知者贡献的""如果把知识看作意义，人们就必须从数据和符号的背后寻找决定或塑造其含义的过程"，由此可以看出，知识既是"对象"也是"意义"，而不是二者择其一。

形成客观主义或解释主义方法的整体过程基本上是相同的，在这两种情况下都存在一个社团，它为特定的"意义"建立和维护特定的过程和符号。这两种方法的不同之处在于这两个社团的目的和目标。在客观主义群体中，人们主要对那些可以从任何特定的"知者"中分离出来的符号感兴趣，在一系列的努力中，这既是可能的又是有用的，科学和金融就是最好的例子。相反，另外还有一些社团主要对符号感兴趣，它们与社团成员及其特定的环境密不可分，其中文化就是一个最恰当的例子，文化涵盖的范围从国家、语言和民族文化到商业和职业文化，甚至到帮派或游乐场的微文化，人们可以是客观主义和文化两种群体的成员，并且可以在这两种群体之间轻松地移动。

同样的分析可以有效地应用于斯彭德和马尔（2005）的解释主义概念——与"知者"群体相关的知识，以及与任何特定的"知者"分离的知识。要做到这一点，必须根据符号学、语言学和语言哲学的非表征主义原则，并从安伯托·艾柯的概念出发，即符号的力量在于它的灵活性和可塑性，因为它是基于一个过程和一种实践，它允许人们说谎，从而进行创新和创造性的思考。在这里关键的转变是把客观主义方法的有效方面与无效的表征主义伪认识论分离开来。

二、知识过程循环的各个阶段

在这方面，威廉姆斯的知识过程循环为知识资本认识论提供了一个综合分析框架，把这个问题重新表述为一个更实用的问题，通过提问"需要做什么才能产生知识的各个组成部分"，而从最简单的单词和符号层面开始。将这一讨论置于当前关于知识和知识资本的一些认识论辩论中，可能是有用的。

（一）认识论要求

威廉姆斯的知识过程循环被表述为一个迭代和累积的循环（Williams，2006、2008），允许我们绘制出一些基本阶段、不同阶段之间的转换，以及每个阶段所需的不同类型的社团，从而有助于理解知识与知识的认识论，如图2-1所示。

第二章 理论渊源

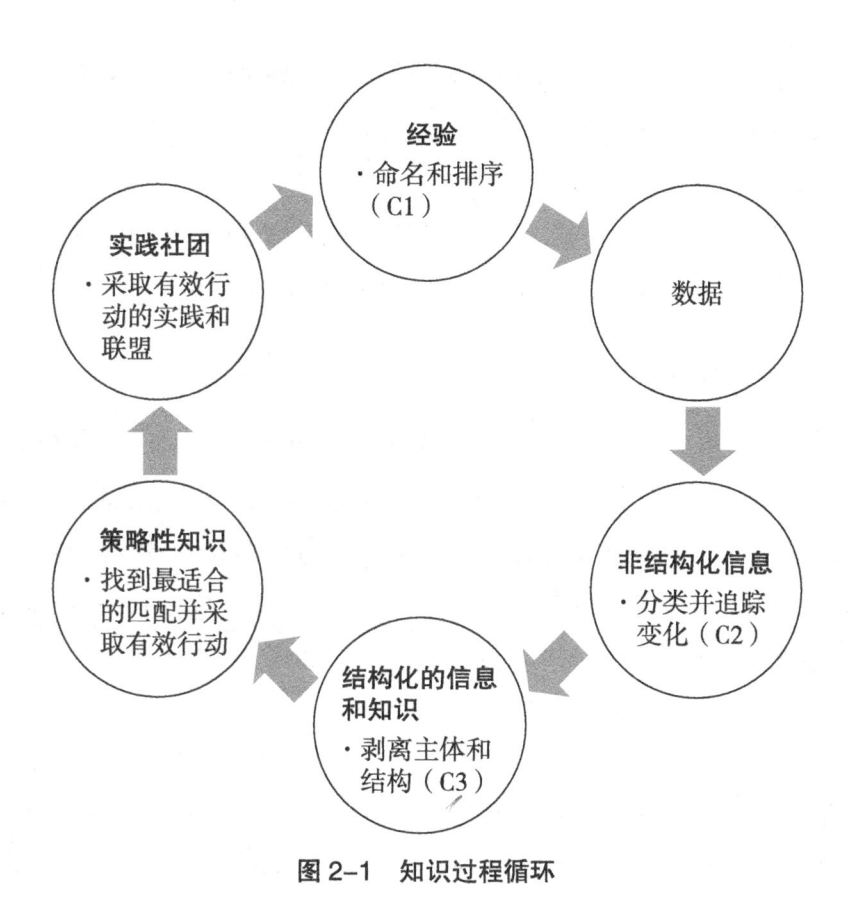

```
         经验
       ·命名和排序
          (C1)
实践社团                    
·采取有效行              数据
 动的实践和
    联盟

策略性知识              非结构化信息
·找到最适合             ·分类并追踪
 的匹配并采              变化（C2）
 取有效行动
           结构化的信息
              和知识
            ·剥离主体和
             结构（C3）
```

图2-1　知识过程循环

图2-1概述了知识和知识资本累积的一个基本过程循环。当然，现实中的知识过程循环比这个过程更加复杂和多维度，也许将其称为知识过程领域会更好，但知识过程循环是一个很好的起点，一旦建立了基础，就可以添加更复杂的交叉链接和双向链接。

知识过程循环区分了知识循环不同阶段的不同要求，而不是不同的认识论。这是为了强调不同阶段之间的相互关系，以及这些关系在许多方向上都起作用的事实——从循环的一边到另一边，不仅是顺时针的，也有逆时针的。一个阶段的认识论总是另一个阶段的认识论的基础，它们既不相互竞争也不相互矛盾。每个阶段的认识论都是在前一个阶段的基础上累积起来的，每个阶段都涉及一个或多个其他阶段，反之亦然。例如，结构化信息和知识（如科学）的要求决定了可能收集的"科学"数据的类型，就像将数据输入制定和发展科学算法的过程中一样。

这就是"数据"和"意义"之间的区别。此外，为结构化信息过程提供抽象和组织概念的理论不仅影响数据，而且影响数据所描述的本体，例如宏观层面的黑洞和微观层面的纠缠粒子。

知识过程循环的顺时针流动，尽管从符号学和社会角度确实提供了一个关于复杂性构建方式的有用观点，但它只是知识领域分析的一个切入点。

（二）过程与社团

知识类型之间的基本区别可以用各种不同的术语来分析。这里重要的不是所使用的特定术语，而是对这些输出产生的不同社团、目的和过程的分析。这里有各种各样的社团（图 2-1 中的 C1、C2 等），它们可以用来解决斯彭德和马尔（2005）提出的一些问题。每个社团都是一个"应用社团"（Community of Use），每个社团都有自己的惯例，而每个惯例又有自己特定的认识论要求。

1. 经验

知识过程循环的第一次转换是通过命名和排序的过程，将经验转化为数据，这是符号学或语言学中最基本的功能。它涉及符号（例如单词）的产生，这些符号的使用与特定的含义联系在一起，如前面"dada"的例子。这发生在我们的第一个社团中，即基本的符号社团"C1"。

2. 非结构化信息

接下来的第二次转换，是通过分类和追踪随时间变化的过程，将数据转化为信息，由此产生了事件和后果的描述，而不仅仅是事物，需要第二个更复杂的非结构化社团（C2）。在非结构化信息中，符号和过程可以从简单的变化到非常复杂的，并且可以在文化中高度程序化，但它们仍然与特定的社团和情境联系在一起。我们的大多数互动都发生在非结构化的信息交流中。也就是说，信息无论如何程序化，都还没有被彻底抽象为结构化或商品化。随着数字媒体和网络的发展，非结构化交流成为最令人印象深刻的交流方式，尤其是文本交流。

3. 结构化信息

将非结构化信息转换为正式的信息和知识需要一种非常特殊的社团（C3），即"主要对符号感兴趣的社团，这些符号可以从任何特定的'知者'中独立出来"——斯彭德和马尔可能称之为客观主义社团，或所谓"元符号"社团（Williams，2005），即产生信息和知识的社团，这些信息和知识被刻意地剥离主体和情境，以便它可以被任何人在任何地点进行交流、交换、测试和应用。它通常用数字、算法和结构化程序来表达，例如金钱、科学和法律。

各种各样的实践社团（Communities of Practitioners，CoP）都与这些形式的"元符号"信息和知识相关，如科学家、政府官员、企业家等。当然，具体的术语不是问题，例如结构化信息和结构化知识都可以使用，尽管不能完全互换。除了非结构化信息之外，我们还可以说非结构化知识，分析的关键是知识过程循环各阶段之间的转换过程。结构化信息分为两种：程序性信息或算法信息及其在在硬件和软件程序中的体现，以及情境分析。结构化信息社团（C3a）对应程序性信息，非结构化信息社团（C3b）对应情境分析，这总体上与自然和社会科学是一致的。同样，也可以使用差别不大的其他术语。

4. 知识

使用结构化信息的过程需要策略，它需要在程序化信息和情境分析之间找到正确的匹配，或者在特定的情境中应用正确的算法。而这种匹配是多方面的，要寻找到合适的社会、金融、组织、技术、文化等以相互契合，其中一些将不可避免地发生冲突，但最终将成为一个"匹配的构型"。

知识社团或策略社团（C4）可以是私有的，如在公司中，也可以是公共的，如在由政府政策驱动的公共组织中。在这两种情况下，都将有一种公共监督措施——要么在公共政策和媒体辩论领域，要么在公共问责和监管领域。这种公众监督，尤其是在有限责任公司中，是建立在另一层正式的程序化信息（如公司及股东账户和报告，包括衡量和交流知识资本的新程序）基础之上的，这是一个有趣的创新。

5. 实践社团

知识过程循环中的最后一个社团是实践社团（C5），它是由专业知识和机构相同背景下的成员组成的特定知识社团或策略性知识社团。

从顺时针方向出发，知识过程循环到C5完成。在此之前，从非结构化信息到结构化信息的转换中，主体、主观性和情境都被剔除，以产生商品化的、可交换的信息。而在实践社团中，这些主体被带进来，在志趣相投的人之间建立关系和联盟，在其他情况下竞争的组织中具有知识性和战略性的行动。这不是基于主观性，而是基于主体共同行动，通常建立在客观的结构化信息和知识基础之上。所以这是一个螺旋式上升过程，而不是回归到一个不那么严格的认识论框架。

6. 经验

知识过程循环再次从实践社团（C5）回到经验（C1），实践社团巩固成员之间的联盟，策略性知识（C4）在其中得到实施。这些社团（C4和C5）有相当多的重叠。

实践社团（C5）产生的经验需要经过原始过程循环的下一次迭代[①]，包括为新事物和事件寻找新词汇的"基本符号学"，这就是罗兰·巴特所说的"每一次使用都成为其自身的符号"。例如，第一次在网络上办理交易业务时，B2B、B2C等术语并没有出现，相反，策略选择将某些工具和算法应用于特定的业务情境，从而在业务社团中生成基于网络的交易，对这一经历的反思反过来催生了这些新的术语，这些术语逐渐被广泛使用并流行开来，成为电子商务"正式"词汇的一部分，并提供标准化和结构化的数据，以业务模型的形式输入"过程分析"中，然后在新的业务策略中应用到新的环境中。

（三）解释主义和客观主义

从知识过程分析中浮现出的是不同类型活动的符号和功能，每个活动都与不同的社团联系在一起，每个阶段都有自己特定的认识论要求。这些社团之间的边界有相当多的重叠，更重要的是，他们的成员肯定是重叠的。人们通常同时是许多不同社团的成员，并从一个社团转移到另一个社团。最有能力的人可以将信息和知识来回传递，或跨越循环的几个或所有组成阶段，同时舒适地作为多个不同社团的成员参与其中。

这就引出了斯彭德和马尔提出的问题，但问题不再是你是否需要"把知识作

[①] 迭代指的是为了接近一个期望的目标或结果而重复一个过程的行为。过程的每次重复也称为"迭代"，一个迭代的结果被用作下一个迭代的起点。

为意义或塑造附加意义的过程进行研究"，而仅仅是在解释主义的方法框架中去研究。解释主义和客观主义这两个社团实际上是重叠的人群。例如，公司里的一个部门经理要求他的员工完成一组任务，基于科学的产品和流程而产生的程序性信息，这是结构化知识的一部分，而当这个经理在另一个情境中被要求考虑一种管理方法，将程序性信息与情境相匹配，并对同时匹配的构型做出判断，所有这些都被严格地嵌入情境之中，这就完全成了解释性任务。可以看出，出于不同的目的和在不同的时间，在公司工作的人们可能必须是两个社团的成员，即使是一个研究型的公司也不能两者兼而有之，它的成员必须是两个社团的成员。

总之，在关于全球化和知识经济的辩论中，几乎没有系统的工作可以帮助我们在认识论上展开辩论。21世纪初的全球经济或许可以通过应用知识过程循环的广泛谱系来更好地理解。一个跨越历史时期的知识过程循环的要素之间的一些变化和关系的映射，显示了一些不同的认识论、社会和经济对循环的影响，突出了知识过程循环内的历史动态。这幅"粗犷"的谱系图也表明，它不是一个整齐的、单向的循环，而是一个动态的、多变的、多维的领域。

三、知识过程循环的认识论分析框架

（一）隐性知识与显性知识

斯彭德和马尔（2005）对于隐性知识和显性知识提出了一些有趣的观点，特别是对于嵌入行动中的知识问题，认为"对该行为的解释不足以使他人获得该行为"。这满足了认识论上的清晰性的要求，因为这种知识是通过行动获得的，并且可能存储在通常所说的肌肉记忆或潜意识记忆中。这是一种不同寻常的获取知识的方式，而不是通过讨论或观察来获取。

然而，看看他们将会如何利用这种广泛传播的"嵌入式知识"——从熟练的技工那里提取机器工具能力，然后将这些能力嵌入数字控制工具中，人们可以通过行动或指令这两种不同的方式来获取知识。知识嵌入人类行为的观点和知识再嵌入编程机器中的操作，现在通常是明确的。在这种情况下，即使不是从机器到人类，而是从机器到机器，知识也会变成另外一种知识，可以交换和获得。

知识资本文献对隐性知识显化的过程进行了丰富的探索，通常被忽略的是循环的其余部分，即从隐性到显性，再从显性回到隐性。我们可以这样说，隐性知识是尚未被明确表达的知识，相反，显性知识是明确的知识，通过实践、微调和内化已经被个人掌握。这个利用和巩固知识的过程是通过"将知识表达到潜意识—熟练地掌握"来进行的……当一种特定的能力被掌握时，它也会从显性的、有意识的领域转移到潜意识领域，让有意识的头脑自由地思考后来的一系列明确的问题和决定。在这个意义上，隐性知识会随着知识的掌握、学习和传播增加而不是减少（Williams，2006）。

（二）知识共享

知识过程循环提供了一个框架，可以用来重新审视知识和知识资本管理的长期问题，即如何共享知识。正如一些学者（Snowden，2002）所强调的那样，一个最有用的知识过程循环框架是能够指出策略性知识和情境之间的密切关系，以及它们之间的复杂性问题的。我们可以更进一步地考察知识过程循环中知识共享的广度和范围，如图 2-2 所示。如果我们检查知识过程循环的 6 个阶段，以及每个阶段的不同社团和不同的认识论条件，就可以把它们分解为几个组成部分。有些知识几乎是不可能分享的，而更多的知识必须分享，至少在一个核心社团内。有些知识是如此的可分享，以至于必须把它锁定在类似于专利或 ©[1] 这样的知识中。

---

[1] 即 Copyright Notice，版权标记。

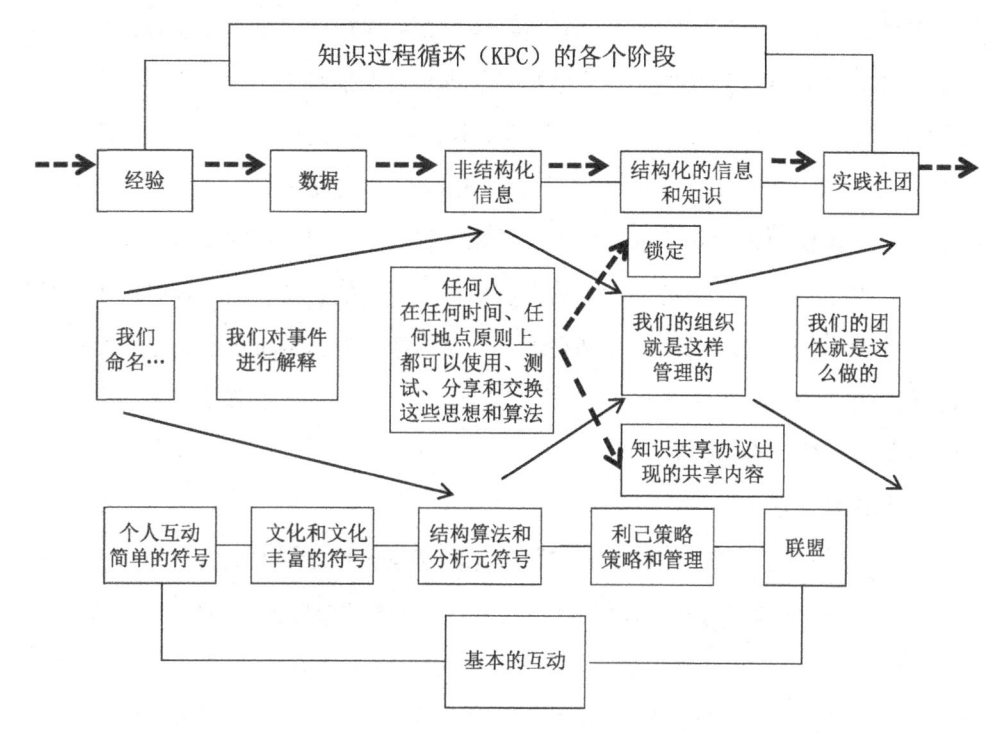

图 2-2 符号/知识共享的广度和范围

1. 数据和非结构化信息

一方面，数据和非结构化信息是由非结构化的、经常是创造性语言的使用产生的，需要共享。"每一次使用都成为其自身的符号"，这只在一个共享这种语言/符号的社团中是正确的，所以在循环的顶部需要双重的分享。另一方面，非结构化信息也可以用于排除：微型文化的语言建立在共享的术语和表达上，它既可以在内部巩固社团，也可以在外部将其他人排除在外。

2、结构化信息和知识

结构化信息和知识不仅需要共享，而且是以共享为前提的。这意味着它们不仅仅是可以共享的，而且表示它们是如此的可共享，以至于需要收费昂贵的法律专业机构来阻止人们共享它，即将其锁定在专利和版权之中。换言之，它的认识论和它的管理经常是采取相悖的形式"分道扬镳"。

当然，最近在知识共享协议（Creative Commons, CC）[①]中出现了大量的共享内容，试图将重心转移到共享上，尽管知识共享协议也是基于版权，但因为它仍未排除未获承认的采用和商业开发（"保留部分权利"），所以在某种意义上它重新定义了共享许可，从而在一个"权利"框架内共享一个新的框架。

如今，媒体的数字化几乎无所不在，媒体制品几乎都可以在全球范围内免费共享。可共享的结构化信息和知识为人们提供了巨大的机会，但它也带来了新的问题。高度可交换的结构化信息和高度可共享的数字媒体的结合创造了独特的困境，例如是否应该公布 SARS、天花等的基因组的问题，以及如果它们不被公布会对科学研究产生什么影响的问题。

3. 策略性知识

这里，策略性知识被定义为程序化信息和情境分析之间的契合，但由于其高度情境化的明显原因，因此很难共享。它可以作为类比、隐喻、最佳实践、叙事、寓言、卡通来共享，但很少以其最初的形式出现（Kurtz & Snowden，2007）。此外，因为以这种方式定义的知识是设计和管理的基础，因此它也是竞争优势的基础，在公司之外共享它是没有意义的，即使它更容易共享。

钟摆开始再次摆向更多的共享，在志同道合的专业人士当中、在由相互交易的人组成的联盟而形成的实践社团当中，保护和维持他们发挥自己的功能，管理小组成员的身份，以及管理他们的知识资产。福柯主义认为，实践社团类似于话语社团，它们通常共享一个广泛的战略框架，而不一定共享其操作策略的细节。

4. KPC 共享的广度和范围

图 2-2 描述了符号和知识社团共享的范围、广度和动态。最初创造新词和短语的社团非常小，刚开始可能只是两个人之间的随意对话，但有成千上万个这样微小的、基本的符号社团。随着其社团和用户基础的扩大，开始创建更详细的本

[①]CC 是美国的一个非营利组织，致力于扩大创造性作品的范围。知识共享许可并不取代版权，而是基于版权。它取代了版权所有者（许可方）和被许可方之间就特定权利进行的单独谈判，这在"保留所有权利"的版权管理下是必要的，而在"保留一些权利"的管理下，在版权所有者不要求商业赔偿的情况下，使用标准化的重用许可。其结果是一种灵活和低成本的版权管理制度，使版权所有者和被许可方都受益。

体化数据和非结构化信息,由此形成了一个非常丰富的符号社团,包括各种语言和媒体,它说明了一些亚文化和微文化是如何叙述和解释事件的。

其中最广泛的领域是结构化信息和知识领域如科学、金融等。结构化信息是认识论严格要求的产物,它原则上产生了可透明交换的信息资本和知识,然而同样严格的、排他性的条件也经常被设定,这严重限制了知识产权的交换,创造并保持了稀缺性,从而为知识产权确立了财务价值。

随着进入策略性知识阶段,发生了巨大的动态变化,因为这是更加困难的共享,即使它可以共享,通常也只能在需要知道的基础上共享,然后动态扩展到实践社团和封闭的共享群体联盟。这些联盟不仅主要在内部共享,而且它们存在的前提就是在内部维持这种共享,并在外部限制它,例如贸易和专业协会。

最后,我们将上述所有内容重新应用到实践中,其中包含了丰富的经验,它的范围从定义上来讲与所涉及的人的范围一样广泛(在图2-2中没有显示),社交的符号转换过程也随着数据的生成而重新开始。

(三)KPC在知识资本管理中的应用

知识资本管理等应用领域的一个关键问题是,知识过程循环等框架可以帮助组织资产价值的内部测量和外部沟通。正如斯彭德和马尔(2005)指出的:"很少有人尝试去识别数据、信息、知识等知识资源的不同观点,而这些不同观点影响了我们在组织中使用的测量和管理这些知识资源的方式。"

因此,需要找到一种方法来管理、测量和传达知识资本的价值。在KPC的框架内,根据不同形式的知识的不同功能,在与知识相关联的每个不同的实践社团中不是只有一种类型的资产,而是有几种不同类型的资产。

如果不加以区分,就必然会出现困难。无论是对组织资产的"实证"观点,还是"解释"观点,及其更不寻常的变体"有机"观点,都不能涵盖所有形式的信息和知识。对这个问题的"单一看法"既不充分,也不令人满意。相反,通过审察这个集成的知识过程循环,我们可以推断出各种知识资本管理的集成模型,问题是如何区分循环的各个阶段的指标和度量标准,并避免与一些相当惊人的结论混淆,即这些知识资本的"资源包"以因果模糊的方式影响绩效。

这些"资源包"的组成部分之间的关系显然需要被描绘出来，但是如果继续将我们的分析建立在3种知识类型（数据、意义和生成熟练实践的能力）的基础上，将不会有帮助，而我们需要更多一些的帮助。"数据"和"意义"之间的区别问题，同时也或多或少的是数据和信息之间的区别，它引起了更广泛的认识论混乱，这主要是源自"数据"可以脱离"意义"的观念，而没有对知识过程循环不同阶段的根本不同的管理要求和认识论要求做出解释。

1. 权益与资本

知识资本一词汇集了一些具体的想法、理论、关注和应用，最突出的是它试图开发一种标准化的格式，向投资界传达公司的无形资产价值。在股东问责和资本市场投资的背景下，知识资本一词具有明显的买入性。

尽管这些在投资环境中可能是有用的，但关键问题在于资产的可交易性。有些资产并不是完全意义上的"资本"，它们中的一些（比如人类）并不像对象，交易也不服从管理。它们有自己的身份，往往坚持自己的独立选择。

2. 组织权益

知识过程循环理论将策略性知识定义为算法和情境分析之间的匹配，但是策略性知识（即采取有效行动的能力）需要资源，因此，我们需要添加权益的概念，并重新定义策略性知识，一方面是算法和情境分析之间的匹配，另一方面是权益。

权益在不同的情境中有不同的含义，但其共同点是都包括资本，以及在当前的认知和评估的特定背景下只能在当前市场动用的价值。因此，在商品化价值之上，权益包含了相当大的一部分关系价值——这种价值可以转化为商品价值，但它取决于一些关系变量，其中一些变量只能在相关人员同意的情况下才能调动起来。

因此，使用术语"人员权益""关系权益"甚至"结构权益"可能是有用的，因为结构因素（无论是信息技术还是信息服务）总是包括人的能力和经验。这与佩帕德（Peppard, 2005）的说法一致：通过信息技术持续地交付业务价值是一种基于知识的活动，与技术没有什么关系，尽管技术解决方案可以代表组织知识的体现。

有人可能会说，组织知识在信息服务和信息技术中的体现是一个为显性知识和隐性结构权益提供硬件和软件基础设施的过程。但权益还需要包括可在有效行动中调动和部署的广泛资源和关系，包括本质上是消耗性的金融权益，以及非消耗性的科学权益。其他类型的权益如专利权和版权，虽然它们可能代表了大量的交易成本或可交易资产，但它们并不是消耗品。

3. 无形资产

在以往的文献中，知识资本的一个关键要素是无形资产，包括知识产权、社会资本、结构关系资本和人力资本等广泛的要素。我们可以使用下列方法，来阐释清楚这个公认的令人困惑和有些矛盾的领域。

资本应该只包括那些固有的和有意交换的要素，例如固定资产和"客观的"程序性信息，包括金融、科学（自然和社会科学）以及相关的知识产权。而在更广泛的结构权益、关系权益和人力权益框架内，权益可能包括上述所有形式的资本，在这一规则下，权益将包括所有可能被动员和部署的东西，当然这取决于各种条件，比如相关人员的同意（甚至认可）、各种背景和关系因素、财务和政治信心，以及品牌资产。

这样，就会把资本的范畴限制在那些专门设计用来在未经同意或协商的情况下交换和交易的元素上。当然，被使用的特定术语不是批判性的，所谓批判性指的是它们在使用基础上的功能和认识论的区别。目前，对于知识资本一词的使用过于宽泛，往往将其归为"全部持有"的范畴，做进一步的区分会对它的界定有所裨益。

总之，KPC 理论研究了隐性和显性知识模式在知识过程循环中的作用方式，隐性掌握随着知识的学习和获取而增加的方式，以及信息技术系统作为嵌入式隐性知识的概念。同时，对于资本特别是知识资本的概念重新做了审查，并提出了一些关于资本和权益如何更好地部署的建议，以澄清知识和权益是如何获得、沟通和管理的。知识产权是知识循环中为数不多的几个要素之一，它是清晰而明确的资本，而其余的大部分则更类似于权益。

第二节　知识和知识资本的本体论

一般而言，本体论是探究世界本原的哲学理论，讨论的是世界的本质是什么。就特殊领域而言，知识和知识资本的本体论指的是知识的分类、知识资本的结构（组成要素）和相关理论。

一、本体论概念与应用领域

本体论一词在不同的社团中有不同的含义，其中差异最大的可能体现在哲学学科和人工智能领域之间。

（一）哲学学科上的本体论概念

从哲学学科上来讲，本体论有着悠久的传统，它指的是一门哲学学科，即研究现实的性质和结构的哲学分支。亚里士多德的第一批专著被统称为"奥加农"（Organon，意为工具论、推理法），论述的是世界的本质，也就是物理学之后的形而上学，其中就包括本体论。因此，哲学家有时会把形而上学和本体论等同起来。当然，亚里士多德并没有使用本体论这个术语，它是在17世纪早期才被创造出来的。

亚里士多德在他的《形而上学》中将本体论定义为"作为存在的存在"的科学。在这个意义上，本体论试图回答这样一个问题：什么是存在？或者换个有意义的说法：所有生物共有的特征是什么？这就是我们现在所说的一般本体论，与之相对的是各种各样的特殊本体论或区域本体论（生物学的、社会学的、人工智能领域的，等等）。

这与实验科学不同，实验科学的目的是在一定的视角下发现规律和基于现实建模，本体论关注的则是事物本身的性质和结构，不做任何进一步的考虑，甚至不受其实际存在的影响。例如，研究独角兽[①]和其他虚拟实体的本体论是非常有意义的，虽然它们没有实际存在，但它们的性质和结构可以用一般的类别和关系来描述。

（二）人工智能领域中的本体论概念

从人工智能领域上讲，本体论是近年来在知识工程社区中出现的，从早期对（计算性）本体的非正式定义开始，即"概念化的明确规范"，将本体称为一种特殊类型的信息对象或计算工件。

根据瓜里诺（Guarino，1994）的观点，在这种情况下，对于"存在"的解释是务实的："对于人工智能（AI）系统，'存在'是可以被表示的东西。"计算本体是一种对系统结构进行形式化建模的方法，即从其观察中呈现的相关实体和关系，例如，这种系统可以是公司的所有员工及其相互关系。本体工程师对相关的实体进行分析，并将它们组织成概念和关系，分别用一元和二元谓词表示。

（三）知识和知识资本领域的本体论概念

综合哲学学科和人工智能领域的本体论概念，知识管理领域将本体论引申为知识的分类，而不同的知识管理学者出于不同的研究目的，对本体论的理解又各不相同。例如，野中郁次郎（Ikujiro Nonaka）和竹内弘高（Hirotaka Takeuchi）称其为存在论，即知识创造的主体为个体、小组、组织以及组织间。从知识资本的视角出发，本研究将本体论界定为知识资本的定义、类型和理论演化。

二、知识资本的定义和结构

知识资本的定义和结构是密不可分的，有些学者甚至直接用要素结构来定义知识资本。在知识资本的要素维度中，以二分法、三分法居多，其他维度都可以包括在内。

---

① 商业估值在10亿美元或以上的初创企业。

（一）二分维度

经济合作与发展组织（OECD，以下简称经合组织）将企业层面的知识资本分为两类：组织资本（或结构资本）和人力资本。其中，组织资本是指企业的流程、文化、关系和知识产权等无形资本形式，包括制造方法、分销系统、期望、仪式、与客户的关系、品牌、商标、版权等；人力资本是指为企业工作的个人所拥有的各种因素的组合，包括知识、信息和数据、技能和技术能力、个人特征（如智力、精力、态度、可靠性、学习能力、想象力和创造力），以及分享信息、参与团队和专注于公司目标的愿望（Guthrie et al.，2004）。

凯尼格（Koenig，1997）指出，知识资本通常被认为有两个组成部分，一是知识本身，二是保持和适当分布该知识的结构。这个定义虽然没有被广泛接受，但在几乎所有的定义中，至少有3个要素是共同的，即无形性、创造价值的知识、集体实践的效果。

托夫斯蒂加和图卢古罗娃（Tovstiga & Tulugurova，2009）假设企业的知识资本构成了企业竞争力的内部决定因素。它大致分为两类：人力资本和结构资本。人力资本这一子类别进一步细分为3个有贡献的组成部分，即能力（以能力为代表，被认为是企业战略相关知识及其技能的表现）、态度（包括动机和心态在内的以人为本的知识的行为维度）以及智力上的敏捷性（包括公司在面对不断变化的竞争环境时快速而灵活地行动、模仿和适应的倾向）。结构资本则包含了构成公司知识资本的基础设施因素，表现为关系、组织、更新和发展。可以想象，企业外部的许多因素都会对企业的竞争地位产生影响，这些子类涉及公司知识资本的基础结构维度，包括公司的网络关系（关系），它的组织机制（硬的和软的）是否有助于价值创造（过程、结构和文化），以及公司采用的维持这些更新和发展的机制。企业外部的因素表现为企业竞争环境中相关的社会政治、技术和经济因素，它们和内部因素一起构成了知识资本的子因素。总的来说，它们被认为是企业绩效的决定因素，而企业绩效反过来可以用一套直接的绩效衡量标准（绩效结果）和一套比较的绩效衡量标准（比较竞争力）来表示。

(二)三分维度

在三分维度上,知识资本通常分为人力资本、结构资本和关系资本,但分类不同,定义也不同(Martin-de-Castro et al., 2011)。不过,类似的要素也包含在知识资本的概念中,独立于分类的方式,例如教育、研发、知识共享和创新活动的核心知识资本。

艾得文森和马龙(1997)提出了一个著名的定义:"知识资本是应用到工作中创造价值的知识。"从这个意义上来说,知识资本代表着创造价值的知识。在一些文献中也尝试对这一概念进行阐释,将知识资本分为人力资本、结构资本和关系资本。

(三)其他维度

1. 客户资本

其他一些分类方法也把客户资本作为知识资本的组成部分,这些分类方法主要应用于斯堪的亚公司发起的知识资本测量和商业报告中,客户资本一般可以被描述为与关键客户的关系(Bontis, 1999)。

2. 社会资本

还有一些学者主张,社会资本应被视为知识资本类别之一,或至少有理由将这种形式的资本包括在知识资本的分类中。这种观点主要由纳皮尔和高秀(Nahapiet & Ghoshal, 1998)、麦克尔罗伊(McElroy, 2002)所支持。

纳皮尔和高秀认为社会资本是一个个体或社会单位所拥有的关系网络中所包含的、可获得的和派生的实际和潜在资源的总和。

麦克尔罗伊认为,在斯堪的亚模型和指标中没有考虑到社会资本,而社会资本是企业和企业之间的另一个主要组成部分。根据社会资本理论,信任、互惠、共同价值观、网络和规范都是通过加速信息传递和新知识发展在企业内或企业之间增加价值的东西。他进一步指出,社会资本可以采取其他形式结合增加价值的企业,它是无形的,在知识资本分类中显然保证了突出的地方。

三、知识资本理论的研究层次

（一）研究层次的演化历程

知识资本的研究经历了企业、区域和国家等不同层次。这些层次并不是截然分开的，企业层次的知识资本研究为区域层次和国家层次的研究提供了理论基础，区域层次和国家层次的研究扩大了知识资本的研究范围。

知识资本研究开始是以企业层次为导向的，随着时间的推移，该领域逐渐形成了这样一种观念：知识资本也是社团、地区和国家财富的基础。2005年6月第一届世界知识经济社区知识资本大会的一个核心原则是，每个企业都是一个更大的社区网络、区域网络、国家网络、超国家网络（即欧洲），最终是一个国际网络的一部分。在这些不断扩大的环境领域中，员工、供应商和其他机构提供人力资本、物质和金融资本，而客户提供收入，并可以与公司合作，以促进创新和跟上市场的步伐。从战略、发展和运营的角度，以及社区、地区、国家和超国家的角度来看知识资本，可以理解经济引擎是如何发展或衰退的，以及可能的干预措施是什么，可以实现培育必要资源的战略，以便这些经济体和社会能够满足关键目标，并具有区域和全球竞争力。正因如此，世界银行和欧盟正积极参与初步探索，把知识资本的概念带到这些更大的范围内，可能会使社区、地区和国家一跃成为高绩效、突破性的实体。

第一届世界知识经济社区知识资本大会不仅实现了它的承诺，同时也表明了这一领域要形成一个可行的、有效的方法还需要走多远。大量精心准备的演讲表明，欧洲、北美和亚洲的人们都在非常认真地对待这个问题，在研究方面有大量的投资，该领域已被认为对于塑造所有这些领先的经济中心的未来具有重要意义。事实上，一些国家正在做出大量的努力，并且都涉及私营部门、教育界和政府。世界各国都试图为在知识型能力和无形财富的世界中运作奠定基础，然而，有一个问题必须要解决，很少有实际的案例研究能够说明知识经济是如何在区域和地方基础上培育和运作的，毫不奇怪，其主要的努力本质上都是国家层面的。

（二）企业知识资本

企业的内部资源基础，尤其是知识资本，是小企业竞争绩效的决定因素。知识资本表现为多种形式，所有形式的知识资本的共同之处在于，它们在很大程度上是无形的。例如，企业的战略能力就是一种知识资本。能力本身可以被认为是企业知识的一种表现（Birchall & Tovstiga, 2005）。作为战略资源，它们使企业在市场中脱颖而出，那些成功调动知识、技术技能和经验以及战略能力等形式的知识资产的公司获得了竞争优势。

知识资本测量作为评估企业无形资产的一种方法，在学术界和实践中都得到了广泛的认可。回顾文献表明，在知识资本测量方面的研究越来越多，然而，对于知识资本的测量仍处于探索阶段。对于知识资本的一般测量方法或相关测量理论还没有达成共识。会计、经济学、金融学、战略学、人力资源和心理学等不同学科的研究人员的参与，导致了知识资本测量的多维性，他们都在使用不同的理论来证明。关注知识资本测量的研究，与公司之所以要测量其知识资本有着不同的原因。马尔等（2003）使用系统的文献综述建议，组织测量其知识资本有3个主要原因：战略、影响行为、外部验证。

1. 战略

企业越来越依赖知识资本作为竞争优势的来源，学术界和产业界都开发了新的语言来适应知识资本。组织在知识经济时代竞争，技术工作由"知识工作者"占据，"学习型组织"将在知识经济中进步。在竞争环境中，小企业通过引入创新的高质量产品和服务来增加其市场份额，组织的知识资本日益决定其竞争地位。

2. 影响行为

许多组织发现，对财务度量的唯一依赖将导致短期结果。越来越多的研究表明，非财务绩效指标可以更好地预测长期绩效，因此，应该用它来帮助管理者重新关注其决策的长期方面（Ittner et al., 2003）。

当公司耗尽其无形资源存量时，报告的收益并不能显示公司价值的下降。而过度强调实现优秀的长期盈利业绩，正是在这种业绩成为公司长期竞争地位变化的一个不太有效的指标之时。卡普兰和诺顿（1996）指出，"建立长期竞争能力的不可抗拒的力量与历史成本财务会计模型不可移动的对象之间的冲突"创造了一个新的绩效衡量系统的需要，其中包括非财务绩效衡量。

3. 外部验证（与外部利益相关者的沟通）

企业测量和报告知识资本价值的压力越来越大，最终会影响企业的知识资本政策。有几个理论取自社会和环境文献，证明公司在其年度报告中披露知识资本（Guthrie et al., 2004）。其中使用最广泛的两个理论是合法性理论和利益相关者理论。

根据合法性理论，组织存在于一个明示或隐含的社会契约下，组织在一个超高层的社会系统中运行，当组织的活动与这个社会系统的目标或期望一致时，组织就具有合法性。因此，根植于上层社会体系中的价值体系发生变化，会导致组织以社会方式发生价值变化。根据合法性理论，如果管理部门认为组织所在的社区期望某一特定活动，那么该组织就会主动报告。如果公司有明确的需求，他们更有可能报告他们的知识资本，因为他们可能不会通过报告有形资产来合法化其地位，而有形资产被认为是传统企业成功的象征。传统的财务报表并不包括相关信息，让报表使用者了解他们所投资的资源如何在未来为其创造价值，因此他们坚持认为知识资本的测量和报告旨在通过提供他们所投资的资源（其中大部分可能是无形的）如何在未来创造价值的信息来弥补这一差距。

第二个被广泛使用的是利益相关者理论。利益相关者即受组织目标影响或能够影响组织目标实现的任何群体或个人。根据利益相关者理论，管理者必须制定和实施战略，以满足那些在企业中有利害关系的群体。在这个过程中的主要任务是管理和整合股东、员工、客户、供应商、社区和其他团体的关系和利益，以保证公司的长期成功。Guthriet等提出了利益相关者理论的结果，即公司是否提供其知识资本的账户和无形资产的价值。他们呼吁进行更多的研究，以得出这个问题的结论性答案。

（三）区域知识资本

在区域层面上对知识资本进行分类的方法大多是基于主要应用于企业层次的知识资本模型。对于区域知识资本的概念众说纷纭，也许这正是它的魅力所在，可以从不同的角度来解析。由于区域知识资本并没有一个被普遍接受的定义，因此找出该术语的正确特征就更加困难。一个地区的知识资本与未来的盈利能力是一致的，换言之，它是为其公民创造可持续财富的能力。一个区域的知识资本包括个人、企业机构、社团和地区的隐性价值，是当前和潜在的财富创造来源，这些隐藏的价值是滋养和培养未来幸福的根源。区域知识资本被视为一个地区创造财富和无形资产的能力。

（四）国家知识资本

根据知识资本概念的演变，一些学者尝试将其转化并应用于国家，他们推断，最初的企业层次知识资本也包括区域知识资本和国家知识资本。林和艾得文森（2011）的定义表明，国家知识资本主要被视为一种经济资源——经济增长和竞争力：国家知识资本是由知识、智慧、能力和专业知识组成的，这些知识、智慧、能力和专业知识为一个国家提供了相对于其他国家的竞争优势，并决定了其未来增长的潜力。

另一些人则从更多的角度来看待价值：马尔霍特拉（Malhotra，2003）认为它指的是"财富创造和提高生活质量"，斯塔姆和安德里森（Stam & Andriessen，2009）认为它指的是"相对优势"和"未来利益"。

在这个框架内，邦迪斯（2004）提出了一个关键的定义：个人、企业、机构、社区和地区的隐藏价值，是当前和潜在的财富创造来源。这些隐性价值是滋养和培育未来的福祉。

邦迪斯提出了知识资本的度量体系，该体系旨在捕获统计数据并描述国家知识资本的结构，这是艾得文森和马龙描述并应用于斯堪的亚知识资本树的改进版本。其结构已从企业层面转化为国家层面，在这种情况下，市场价值现在是国家财富，金融资本现在是金融财富，客户资本现在是市场资本，创新资本现在是更新资本。剩下的子维度用同样的方式标记。

基于斯堪的亚的概念框架，邦迪斯开发了国家知识资本指数（NICI），旨在发掘和管理5个核心领域的国家无形财富。NICI模型将市场资本、更新资本、过程资本和人力资本相互关联，作为发现一个国家智力财富的手段。邦迪斯为每个结构指定了几个指标，例如在衡量金融资本时，他使用了人均国内生产总值，然后将基于各国购买力的指数做了标准化。邦迪斯在发达模型的基础上，对不同的阿拉伯国家进行了比较，发现阿拉伯国家的国民知识资本占金融财富的20%，知识资本是突出的先例。

帕布利克部分基于斯堪的亚导航器模型开发了价值创造效率分析模型，称为VAIC，它使用的数据来自财务报表，利用增加值（Value Added，VA）来衡量绩效。帕布利克的VAIC模型不仅确定了数量和价格，还确定了知识资本的规模和效率。

马尔霍特拉（2000）使用了同样的方法对国家知识资本进行分类。根据上述模型，人力资本被定义为个体实现国家任务和目标的知识、教育和能力，一个国家的人力资本始于公民的智力财富。邦迪斯指出，它的度量标准应该包括组织中个体知识存储的质量和数量以及集体知识存储的质量和数量。另一个组成部分是过程资本，它被描述为一个国家的非人力知识仓库，嵌入其技术、信息和通信系统，表现为其硬件、软件、数据库、实验室和组织结构，维持和外部化人力资本的产出。市场资本被定义为嵌入国家内部关系中的知识资本。与其他国家相比，这种形式的资本代表一个客户，它是由法律、市场机构和社会网络等因素创造的社会职能。

邦迪斯认为，在国家层面上找到可靠的知识资产衡量标准的期望是，这些措施可以帮助政府更好地管理无形资源，而这些资源日益决定着其经济的成功。许多发达国家和发展中国家所提倡的创新发展政策指导方针中包含了区域知识资本方法，同时，有效和高效的区域创新问题已经成为具有战略性的问题（Pachura & Hajek，2013）。

第三节 知识资本的方法论

知识资本的新概念已在学者和实践者中普及,他们主要感兴趣的是基于知识资本的测量评估方法和可视化过程。知识的流动性和无形性使其测量成为一项极其复杂和艰巨的任务,成为知识管理最困难的活动之一。对研究人员来说,最大的挑战是知识资产的测量,尽管这仍然被认为是极其难以量化的。虽然知识资本测量面临困难,但许多组织仍然在努力更好地管理知识资本。

一、企业知识资本的测量方法

根据现有文献的建议,知识资本测量方法主要分为4类:直接测量法、计分卡测量法、市值测量法和资产收益率测量法。这些方法可以根据其结果是货币层面还是非货币层面、是微观层面还是宏观层面进行衡量而加以区分。估计知识资本的直接方法是通过识别无形资产的各种微观组成部分来得出无形资产的货币价值。与直接方法类似,但不确定货币价值,计分卡方法是使用指标或指数在图表或图表中报告业绩。

(一)财务方法

知识资本理论源于商业经济学和管理科学,最初主要是用于组织层面(主要是公司)的分析。在组织层面上,把知识管理作为知识资本、无形资产研究的学者占有相当大的比例。知识资本可以被视为一个组织在任何特定时间的知识"存量"(Bontis,2004),包括用于创造价值的已获得的知识,并已被形式化,从而获得竞争优势。因此,组织实施知识管理过程来捕获和传播知识流,以积累集成知识资本(Ahmed & Omar,2011)。

许多学者认为,在知识经济中,不记录在资产负债上的知识资本已成为企业竞争优势的主要来源之一（Roos et al., 1998）。因为传统的财务和管理会计工具不能捕捉到这些新的价值的所有方面，并将它们报告给组织经理和利益相关者，因此对适当的企业报告结构有很高的需求。新的工具将以一种系统的方式促进这些新的价值驱动因素的管理，实现"增强"的业务报告。在过去的几年里，已经开发了许多财务新方法来测量和评估知识资本（Sveiby, 2007），利用财务报表中的信息计算公司知识资本的总体价值。以下是一些常用的方法。

1. 托宾Q比率

托宾Q比率由诺贝尔经济学奖得主托宾（Tobin）在1969年开发，是一种评估投资决策的工具，它衡量公司的市净率，对于有形资产的价值是使用重置成本而不是账面价值。其公式为：Q比率=公司的市场价值/资产重置成本。

托宾认为，Q比率高于1，高于竞争对手，则表明该公司拥有一种"无形优势"，它可以比竞争对手创造更多的价值。这种优势就是它的知识资本。使用市场价值计算Q比率中知识资本涉及股票价格，由于波动的因素，托宾Q比率已经被批评为衡量"起落与市场繁荣"，而不是一个测量知识资本的适当方法。

2. 经济附加值

经济附加值（Economic Value Added, EVA）是一种最初作为股东价值创造指标引入的财务指标（Stern et al., 1995）。其公式为：EVA=税后营业净利润－资本总成本＝税后营业净利润－资本×资本成本率。

EVA等于税后经营利润减去债务和股本成本，它涉及对传统资产负债表进行164项调整，以计入无形资产。EVA是通过从经营利润中扣除资本成本来计算的，不能直接用于测量知识资本。相反，它只能表明EVA的增加是知识资本有效管理的一个指标。由于这种联系仍然存在问题，因此一些学者得出结论，EVA不适合作为知识资本指标（Tan et al., 2008）。

3. 人力资源审计

人力资源审计（Human Resotlrce Audit, HRA）的目标是使用金融数据来量化作为"人力资产"的人的经济价值，主要有3种模型：成本模型、市场模型和收入模型。

在成本模型中，人力资本被估价为获得人力资产的成本（即招聘和培训），或员工总薪酬的贴现价值。

市场模型将人的价值等同于从市场（例如通过咨询）购买个人服务的成本。

收入模型使用的是一个人在为一家公司工作时预期产生的收入的现值。

HRA 被批评为依赖于大量的假设，包括员工的服务年限，预测收入和等价的价值与成本，这降低了其可靠性，可能导致结果的主观扭曲。

（二）知识资本模型

知识资本模型是将公司的价值分解为财务资本和知识资本，然后将后者分解为不同的元素，分别进行评估。

罗斯等（Roos et al.，1998）采用了知识资本指数，试图提供一个更加通用和灵活的框架，以克服导航者的一些缺点。对知识资本评级（Jacobsen et al.，2005）、知识资产地图（Marr et al.，2004）、无形资产监控（Sveiby，1997）及其后续修订的无形资产监控框架限制其范围，内部报告允许最高管理层评估公司的知识资本的状态并协助决策。他们不以公司知识资本的外部展示为目标，因此只实施前两个过程（分类和测量开发）。最后，技术经纪人对知识资本计量采用了广泛的审计方法，并应用 HRA 方法对其未合并的组成部分进行财务评估（Brooking，1996）。

除了上述框架之外，其他一些努力也值得注意。在德国，劳动和经济部支持了维森斯比兰兹（Wissensbilanz）项目，该项目旨在指导德国中小企业如何系统地评估和利用其知识资本，以增强德国公司的竞争优势。该项目使用德国知识资本商业模式作为一个框架，提供了一个系统的过程，通过该过程，公司将能够可视化创造价值的无形因素。它还为考虑有形和无形资产的决策提供了一个平台。该项目被德国公司公认为是一个良好的工具，能够得到更高的回报和成本节约。在西班牙，维德马（2001、2004、2007）将基准的概念集成到知识管理之中，通过引入知识资本基准测试系统，公司不会直接测量知识资本，而是对"世界级的最佳竞争对手"的知识资本在同一个业务中使用一组标准和调查问卷。知识资本基准框架已在一些欧洲企业中得到验证和成功实施。

为了进一步了解知识和知识资本测量方面的文献，斯克姆（Skyrme，2003）在《测量知识和知识资本》中介绍了来自世界各地超过 35 个组织的 30 多个测量模型和测量案例研究。同样,安德里森(2004)在《理解知识资本》一书中回顾了25种估值方法,并详细描述了荷兰一个旨在开发一种新的无形资产估值方法的项目。他的著作被著名的知识资本学者罗斯描述为"关于这个重要但富有挑战性的话题的最综合的书籍之一"。

一些研究将测量理论的要素应用于知识资本的评估,这些要素应作为开发、推理和应用知识资本措施的基础。皮克等(Pike et al., 2001)认为测量系统的13个规范需求提供了一种方法,通过这种方法,非财务基础的9个测量系统可以实现与财务基础系统相同(或更好)的严格程度。皮克和罗斯(2004)根据测量理论的知识资本评估了一些最广泛使用的测量知识资本的方法。

相比之下,市场资本化和资产回报率(ROA)方法导致组织知识资本的宏观水平的总体测量。市值法通过确定公司的市值与资产负债表上的股东权益之间的差额来得出IC的货币金额。ROA方法使用平均税前收益除以平均有形资产,用这一比率提供了一个估计其无形资产或知识资本的样本。这4个类别是一个扩展的分类建议。斯威比(Sveiby, 2007)对34种测量方法及其在上述类别中的分类进行了出色的总结。

斯堪的亚导航器是关于知识资本最早的模型之一。除了代表一个公司的总市场价值的财务焦点,斯堪的亚导航器不仅解决了传统知识资本的3个组成部分,还将更新和发展视为一个独立的组成部分。艾得文森和马龙使用了知识资本的指标或指标,如每个员工的增加值、员工数量、客户流失、每个员工的笔记本电脑和培训时间的份额。这些结果为组织官员提供了一个包含输入、输出和结果指标的报告卡,以确定知识资本管理和发展是否取得了进展。

二、国家知识资本的测量方法

在国家层面上,知识资本通常被视为某种黑匣子,有些无形资产没有计入资产负债表中,而物质资本是主要的可衡量资产。国家知识资本是在社会中创造价值的、与人相关的知识,是自然资本和生产资本之外的一种资本形式。然而,世界银行(2006)认为,知识资本(人力资本、社会资本和机构质量)构成了大多数国家的总财富的最大份额。布拉德利（Bradley，1997）认为一个国家的知识资本是指一个国家将知识和无形资源转化为财富的能力。艾得文森和斯坦费尔特（Edvinsson & Stenfelt，2013）认为知识资本是人力资本和结构资本相结合所产生的思想的价值，它使知识的产生和分享成为可能。根据马尔霍特拉（2000）的观点，该术语指的是支撑一个国家增长并驱动利益相关者价值的一组隐性资产。根据这种观点，无形资本是生产性资产范围的一部分，是隐藏或不可见的部分，它的价值在于与居民的发展、生活质量和福利以及技术进步有关的因素。

现有一套通用的国家知识资本测量模型，应用于不同的目的，研究的重点是国家知识资本的内容和状态，在宏观经济方法上，已经把注意力指向知识资本投资和经济增长之间的联系。这些宏观经济研究表明，无形资本投资，尤其是研发和组织资本，是经济增长的相关来源（Corrado et al.，2006；Piekkola，2010）。因此，这些以投资/支出为基础的研究为我国知识资本的国民经济效应提供了重要的信息。然而，它们对国家知识资本绩效的研究仅限于知识资本的投资，而忽略了知识资本的状态。此外，世界经济论坛（World Economic Forum，2010）和瑞士管理发展研究所（IMD，2011）制定了综合竞争力框架，其中包括许多与国家知识资本框架相似的元素。

表 2-1 给出了测量国家知识资本绩效的模型实例，并描述了它们的特征。从表中可以看出，各国知识资本绩效测量模型主要是用于国际比较的目的。

表 2-1　国家知识资本绩效的测量模型

作者（时间）	测量要素	测量目的	国家知识资本绩效焦点	社会关注焦点	目标
Piekkola（2010）	组织资本（即管理和市场营销）研发 信息通信技术	解释知识资本投资对经济增长的影响	知识资本投资 私人部门	私人部门	经济绩效
Corrado et al.（2006）	计算机信息化 创新的特性 经济能力	解释知识资本投资对经济增长的影响	知识资本投资	私人部门	经济绩效

续表

作者（时间）	测量要素	测量目的	国家知识资本绩效焦点	社会关注焦点	目标
Lin & Edvinsson（2011）	人力资本 市场资本 过程资本 更新资本 金融资本	国际比较	国家知识资本投资 国家绩效	私人部门 公共部门	经济绩效
Stam & Andriessen（2009）	人力资本（投资、资产、影响） 结构资本（投资、资产、影响） 关系资本（投资、资产、影响）	监测里斯本战略对经济增长和工作的实现欧盟内部的国际比较	国家知识资本（知识资本投资、国家绩效）	私人部门 公共部门	经济绩效 社会绩效
世界经济论坛（2010）	机构 基础设施 宏观经济环境 健康和基础教育 高等教育和培训 商品市场效率 劳动力市场效率 金融市场发展 技术准备 市场规模 业务复杂 创新	国家竞争力的国际比较	知识资本投资 国家知识资本 国家绩效	私人部门 公共部门	经济绩效 社会绩效
IMD（2011）	经济绩效 政府效率 业务效率 基础设施	国家竞争力的国际比较	知识资本投资 国家知识资本 国家绩效	私人部门 公共部门	经济绩效 社会绩效（生态绩效）

三、区域知识资本的测量方法

目前，一个具有挑战性的问题是开发一种评估创新政策和规划战略有效性的方法。区域知识资本的几种模型和测量方法已经成为衡量和报告区域层面知识资源的研究观点，人们已经制定了许多不同的知识资本衡量方法。同样重要的是指出国际组织在开发评估知识经济的新工具和指标方面的关键作用。经合组织和世界银行对知识经济和信息社会的分析和报告是发展新统计数据库的里程碑。

（一）奥伯特的知识经济框架

世界银行学院（World Bank Institute，WBI）的奥伯特（Aubert）介绍了基于全球视角的知识经济框架。世界银行学院一直在以两种互补的方法开展工作，第一种使用了从世界银行学院知识基准测试中获得的定量视角，并将其与地区和地区的社会文化视角并置，第二种则从知识资本模式转向了智能资本模式。

世界银行学院的知识经济框架侧重于4个关键功能领域：一是为有效利用知识和创业精神提供激励的经济和体制机制；二是受过教育的、有创造力的和有技能的人才；三是动态信息基础设施；四是有效的国家创新体系。世界银行学院使用80个变量对这四大支柱的表现进行基准测试，并将它们应用于128个国家，对它们进行从最差（0）到最好（10）的排名。它在两个时间点（1995和2003）开发了14个变量的基本计分卡，并据此开发了综合知识经济指数（Knowledge Eonomy Idex，KEI）。世界银行学院指出，人均国内生产总值与一国在知识经济中的地位之间存在很强的相关性，因此关键要有一套具体的测量方法与不同国家产生的知识资本相关联。世界银行学院为此做出了重大努力，从社会文化视角出发，将国家的表现置于人类学的背景下，并根据创新、发展和社会制度几个维度进行东西方的比较。其中，行为、精神气质和文化是创新和发展系统产生差异的背景因素。世界银行学院还特别指出了它所称的"岛屿"因素。高绩效和创新领域包括芬兰、爱尔兰、以色列和韩国等，它们的共同点是"岛屿"，经历了严重的压力，给了它们一个独特的身份紧迫感动员其内部资源和能力，利用外部输入最特别的知识。"岛屿"现象适用于各个层面，包括城市层面和超国家层面。奥伯特认为，有必要编织所有的线索，重新构建一个精神资本模型，深化定量和定性的方法，纳入长期政策，在社会资本和文化基础上工作，并创造一种"压力下的岛屿"的感觉，以实现成功的知识经济。

(二)卡恩的知识投资指标

经合组织的卡恩（Khan）审查了知识投资的指标。他认为，尽管缺乏国际上可接受的定义或可比的数据，不过经合组织在其工作定义中纳入了3个组成部分——研发投资、软件投资和教育投资，通过观察这些投资在不同时期是如何重叠的，经合组织对欧洲国家和世界不同地区的关键国家的投资知识的程度和趋势都有初步指标。经合组织承认这种本土知识的衡量是粗糙的，但它已经表明，衡量本土知识是可能的。其中一个结论是，欧盟在本土知识方面落后于美国和日本，而北欧国家、美国和日本拥有最多的知识型经济。

(三)波尔弗的知识资本指数

马恩-拉瓦雷大学的波尔弗（Bounfour）探索了如何从知识资本指数的视角来评估欧洲创新系统的绩效。波尔弗开发了知识资本动态价值（IC-dVAL）分析方法，它有4个维度：资源和能力、过程、产出，以及这3个维度的重叠之处——知识资产。3个部分的绩效指标，即资源的绩效指标（Performance Indexes for Resources，PIR）、过程的绩效指标（Performance Indexes for Processes，PIP）、输出的绩效指标（Performance Indexes for Outputs，PIO）组合在一起形成了一个整体的绩效指标。这种方法可以用于微观层面，也可以用于宏观层面，从知识资本的角度，它可以作为国家创新系统的基准，对技术、经济竞争力和宏观层面的社会进行分析。从该方法的分析数据来看，北欧国家的组织模式被认为能够更好地适应知识经济的要求，但必须在地方一级进行进一步的分析，以证明指数水平和国家绩效指标（如GDP增长和就业）之间的联系。

(四)帕布利克的智力资本增值系数（VAIC）

克罗地亚经济厅的帕布利克制定了一种衡量方法，他和他的同事一直在国家和地区层面上使用这种方法来确定价值创造。他提供了一个案例研究来说明这一办法是如何在克罗地亚和欧盟发挥作用的，其论点是，提高知识型员工的工作效率是管理的首要问题，不只是用知识来生产产品或服务，而是要把知识工作的能力联系起来以增加价值，目的是理解知识资本和其他形式的资本如何对价值创造和效率做出贡献。这涉及资本使用效率和知识资本效率，为之提供了一种监测和管理增值增长以及创造增值的知识资本效率的方法，帕布利克称这种方法为智力资本增值系数（VAIC）法。帕布利克绘制了区域内县级和跨区域的知识资本效率（Intellectual Capital Efficiency，ICE）水平图，以了解国家层面的知识资本效率。在这两个级别存在显著差异的地区之间，帕布利克指出了在哪些地方取得了更好的结果，国家和区域在哪些地方可以考虑采取干预措施，以及哪种干预措施可能是最好的。报告的结果令人惊讶，纵观整个欧洲，捷克和希腊要远远高于ICE的平均水平，而丹麦、德国和葡萄牙的效率水平最低。此外，ICE还可以在公司层面进行映射，沃达丰（Vodaphone）[①] 的ICE水平非常高，而爱立信则处于效率范围的低端。帕布利克的ICE测度是衡量增值效率的一个实验，有助于了解知识资本的生产率，从而指导企业、地区和国家各级组织知识工作效率的永久提高。不过，VAIC法还有待同行评估以确定其有效性和实用性，目前必须与其他方法结合在一起，以便更全面地了解如何监测、管理和改造经济。

（五）诺斯的度量无知

德国威斯巴登应用科学大学（Wiesbaden University of Applied Science）的诺斯（North）研究了如何评估社区、组织和个人是否准备好培育、开发和利用所需的能力，从而提高基于知识资本的价值创造。该框架的主旨是克服无知。克服无知是通过接受知识教育，知识传递形成人力和社会资本，这些资本反过来又在知识创造、创新和研发的一个维度和知识应用于商业流程和实践的另一个维度相互作用。诺斯提议使用无知量表，他开发的这个谱系一端是培养无知的"致残"标准，另一端是培养知识的"使能者"标准，从自闭与开放、失明与视觉、追随与领导、瓦解与凝聚、虚荣与自我反省、滥用集成层与使用集成层、退化与学习、中断与连接、倦怠与主动、无风险与实验性等维度来进行对比。利用诺斯的新方法，可

---

① 沃达丰（Vodaphone）为英国移动通信网络公司，成立于1984年，最初的名称为瑞卡尔电讯有限公司（Racal Telecom Limited），现为瑞卡尔电子有限责任公司（Racal Electronics Plc.）的附属公司。

以分析成功需要什么能力，组织、社区或地区在频谱的哪个位置，并确定障碍、干预和机会点。无知量表简单、易于理解且全面，但并不具有压倒性。

（六）维德马的地区知识资本基准系统（RICBS）

加泰罗尼亚理工大学的维德马分享了他的地区知识资本基准系统（RICBS），以及知识资本战略管理方法是如何应用于西班牙马里斯地区的。在维德玛看来，一个经济体的创新能力不仅仅取决于单个企业或机构的表现，网络是经济创新和活力的一个关键特征，这些机构是作为一个系统相互作用的。维德玛专注于工业、政府和大学的三重螺旋型关系研究。从区域的角度出发，可以看到特定类型组织的聚集价值、呈螺旋型关系的成员之间隐性知识的互动流动、与创新和学习相一致的共享价值的发展，以及区域在创新政策制定中的积极作用等。

第三章　区域知识资本结构方程模型实证研究

　　对于"如何行动以便产生、获得、发展和应用所需要的知识"这个问题，答案不可避免的都是主观的。而在此之前，需要了解区域知识资本是由哪些因素构成的。区域知识资本不是不言自明的，而是有背景的，需要通过对话来理解。区域知识资本的要素结构取决于人们的判断，必然经过实践的检验。本章以问卷调查（对话）的方式构建和检验区域知识资本的结构方程模型，包括因素构成的测量模型和因素互动的结构模型两个部分。其中，因素构成的测量模型主要关注的是区域知识资本由哪些因素组成，因素互动的结构模型主要关注的是这些因素之间的关系如何。通过文献分析，我们假设区域知识资本是由区域人力资本、区域内部结构和区域外部结构等3个要素组成的，并且假设区域人力资本通过区域内部结构作用于区域外部结构，即区域内部结构在区域人力资本和区域外部结构之间起中介作用，最后通过问卷调查的方式对假设问题进行检验。

第一节 区域知识资本的结构方程模型构建

一、区域知识资本背后的故事

斯维比和斯肯索普（Sveiby & Skuthorpe, 2006）的《轻轻踏过》暗示，谈论区域知识资本是多么的困难，如何将无形的知识从有形的区域中分离出来，并在某种程度上清晰地看到它，他们认为没有"正确"的方法来做这件事。区域战略决定了区域知识资本的需求，由于区域战略的背景性、争议性和不变的改革性质，也不可能把区域知识资本的内容视为理所当然、本该如此。

迄今为止，对区域知识资本的研究一直依赖于数字。每一个数字中都有一点真理，但真理比每一个数字都重要。塞德拉克（Sedlacek, 2011）在《经济学的善恶》中指出，经济知识是一场关于规范领域的故事和元叙事的战斗，而不是数学、模型、方程和统计。那么，区域知识资本背后的故事是什么呢？作为一个可能的指路明灯，区域知识资本背后的故事，就是一个编织在一起的区域知识资本结构的要素测量的故事。在确定这个问题之后建立一个测量系统是更合理的，测量模型的局限性也更容易识别。

一个区域的知识资本结构应该基于该区域的愿景和目标。由此带来的关键问题是：区域知识资本想要贡献的最终目标是什么？从一些领导指示和政府工作报告中，可以看到如何理解知识社会，并确定一个区域的目标和重点。因此，我们将区域知识资本的目标广义地定义为"区域福利"。尽管这个故事——区域知识资本是一条通往福利的道路——有着各种不同的解释和情节，但它是大多数现有文献的延伸，对于一些文献仅把经济发展作为区域知识资本的主要目标是一个突破。

二、研究假设与模型建立

(一) 研究假设

尽管知识资本的要素构成有一维乃至多维等不同说法，但人们多倾向于斯威比和邦迪斯等人为代表的"三因素构成"观点。斯威比将知识资本分为人力资本、内部结构和外部结构，而邦迪斯将知识资本分为人力资本、结构资本和关系资本。事实上二者并不矛盾，因为结构资本可以分为内部结构和外部结构，而这两个结构都包含着关系资本。尽管这个知识资本的"三因素构成"多数停留在企业层面上，但也有一些区域层面的知识资本实证研究对其进行检验，并得到了证明。众多学者一致认同，企业知识资本和区域知识资本只是范围大小不同，在本质上并无二致，即区域知识资本包括区域人力资本、区域内部结构和区域外部结构。

区域人力资本包括职工所拥有的综合知识、技能和能力，是一个组织创新的重要来源。由于区域人力资本不能被区域组织所拥有，因此当员工离开时它就丢失了。

区域内部结构是区域为其内部职工提供的支持性基础设施——物质资源、信息系统和组织流程。区域人力资本为区域组织所拥有，因此被称为"晚上不回家的知识"。

区域外部结构也称为客户资本，指区域组织与外部利益相关者（如供应商和客户）的区域人力资本外部关系的综合价值，这些外部利益相关者是组织收入和市场知识的宝贵来源。

当然，一些学者也提到了其他一些类型的知识资本作为一个区域未来的智力财富，例如更新资本（Bontis, 2004; Lin & Edvinsson, 2011）。我们认为，更新资本的视角不可避免地根植于所有其他知识资本，即区域人力资本、区域内部结构和区域外部结构之中，并不能脱离这些资本而独立存在。

根据以上讨论，本研究提出如下假设。

H1-1：区域知识资本包括区域人力资本、区域内部结构和区域外部结构3个因素。

早在20世纪60年代，诺贝尔经济学奖得主贝克尔（Becker, 1964）就认识到了人类专业知识的重要性。他认为,"在教育、培训和医疗保健方面的支出……产生人力资本,而不是物质或金融资本,因为你无法将一个人与他或她的知识、技能、健康或价值分开,在所有者保持不变的情况下,以可能的方式转移金融和物质资产"。

区域外部结构被定义为一个组织与商业社区成员积极互动的能力,通过提高人力资本和结构资本来激发财富创造的潜力。

结合以上研究结论,本研究提出如下假设。

H1-2:区域人力资本与区域内部结构显著相关。

H1-3:区域人力资本与区域外部结构显著相关。

H1-4:区域内部结构与区域外部结构显著相关。

大量的实证研究证明了人力资本在区域增长中的作用。早期以 1980—1998 年的英国为样本的研究显示,间接影响就业增长和创造新的业务的具体的公共政策、教育和经验,已被确定为衡量人力资本的重要指标。教育衡量潜在的才能或技能,但职业提供了一个潜在的更有力的衡量使用技能的方法,即人类的才能或能力是如何被经济吸收和使用的。教育提供了一种基本的能力水平,但这种能力必须转化为生产性工作。因此,职业是教育转化为技能和劳动生产率的机制(Van Stel & Storey,2004)。在区域层面上,人力资本还涉及研究的数量和质量(Feldman & Desrochers,2003)。邦迪斯(2004)的研究结果表明,随着企业将员工的知识编入组织的系统和流程,这些结构性资本随后可以通过投资研发来为未来更新。随着人力资本的不断发展,企业营销其智力财富的能力将导致更高的财务幸福感。

区域人力资本是发展区域内部结构和外部结构的首要因素,因此,区域内部结构和区域外部结构都要依赖于区域人力资本。当人们在区域内部指导自己的行动时,他们就创造了一个区域内部结构,拥有专利、概念、模型、模板、计算机系统和其他或多或少明确的管理工具和流程。这些都是由职工创建的,通常由区域内的组织所拥有,不过只能合法拥有区域内部结构的一小部分。非正式的权力博弈、内部网络、文化或精神也属于区域内部结构。在区域内部结构中还包括职工个人的能力,这是非常重要的,例如支持人员、会计、信息技术、人力资源和管理人员的能力。因为不可能将区域内部结构与其创建者分开,所以内部结构部分依赖于个人、部分独立于个人。即使最有价值的个人离开区域，或该区域在很大程度上依赖于他们，但至少部分的区域内部结构和区域外部结构（例如品牌名称）通常会保持不变，可以作为一个新的开始。

根据以上观点，本研究提出假设如下假设。

H2-1：区域人力资本对区域内部结构有显著影响。

H2-2：区域人力资本对区域外部结构有显著影响。

H2-3：区域内部结构对区域外部结构有显著影响。

H2-4：区域内部结构在区域人力资本和区域外部结构之间起中介作用。

（二）模型建立

结构方程模型分为测量模型和结构模型两部分。在本研究中，一方面，根据相关文献，假设区域知识资本包括区域人力资本、区域内部结构和区域外部结构3个因素，建立的测量模型如图3-1所示。另一方面，借鉴邦迪斯的知识资本钻石模型，建立因素间相互作用的结构模型，即因素中介模型，假设区域人力资本通过区域内部结构作用于区域外部结构，建立的结构模型如图3-2所示。

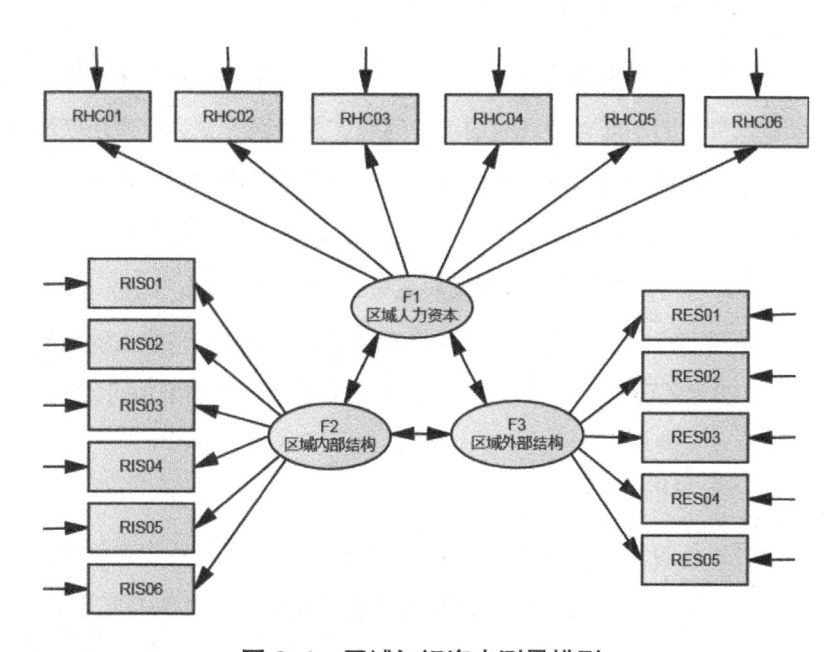

图 3-1　区域知识资本测量模型

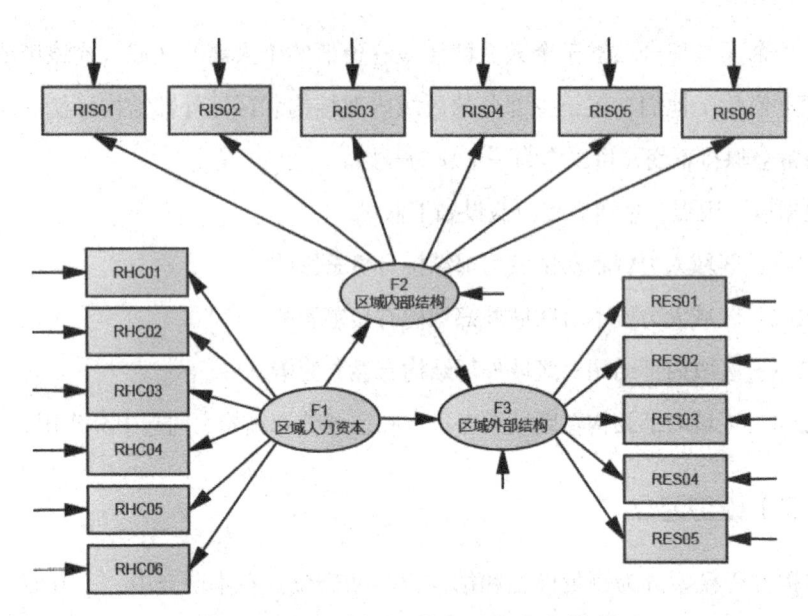

图 3-2 区域知识资本因素中介模型

三、区域知识资本的测量

（一）测量方法的选择

即使测量数据不便于对关系进行统计分析，测量系统的可视化呈现也提出了关于区域知识资本的不同方面之间的动态问题。为了回答"如何使用区域知识资本"这一问题，应该首先考虑"谁使用区域知识资本"和"用于什么目的"的问题。这里假定的使用者可以是一位决策者、一位政府官员、一位投资者或一位学者，他希望了解以知识为基础的区域发展有关的关键变量情况。

参考以往知识资本和区域知识资本的测量方法，本研究采取发放问卷的方式来收集数据，为此需要对区域知识资本的3个因素进行定义和编制问卷。

（二）样本量的估算

不同的研究目的要求的精确度不同，本研究将精确度确定为现代科学所要求的一般精确度（95%）。根据不同精确度的样本量要求（见表3-1），符合95%精确度的样本量最低为384份。

表 3-1 不同精确度下的样本量

精确度（%）	99	98	97	96	95	94
最大样本量（份）	9604	2401	1067	601	384	96

同时，本研究采用的数据分析方法为结构方程模型，对样本量也有要求。通常而言，一个变量平均需要 15 份样本量（Stevens，2003）。此处有人力资本、内部结构和外部结构共 3 个变量，因此至少需要 45 份样本。另有研究认为，一个有 2~4 个因素的模型，需要 100~200 份样本。无论是 45 份还是 200 份，均低于精确度 95% 要求的 384 份样本。从因素分析上来看，样本量的要求有两个，一是样本的个数为变量的 5~10 倍，二是总体样本的个数至少为 100 份以上（贾俊平，2021）。

综合以上 95% 精确度、结构方程模型和因素分析等样本量要求，我们认为至少需要 384 份样本。在此基础上，考虑到无效样本问题，我们将设计效应确定为 1.2，抛大样本量，即 384×1.2=461.8≈462 份。因此，本研究最终估算的最低样本量为 462 份。

（三）区域人力资本的测量

1. 操作性定义

区域知识资本的第一个组成要素是区域人力资本，区域人力资本是知识资本最重要的形式，以及其他形式演变的先决条件（Baron，2011）。区域人力资本指的是一个地区内不同行为者特有的技能，包括该区域利用人力资本的能力、人们创造和生产的机会，以及那些建立或反映专业知识的因素，包括隐性的和显性的，这些知识是个人和更普遍的区域利益相关者拥有和运用的。在某些情况下，专有技术可能由个人拥有，在其他情况下，专有技术则可能由该地区的利益相关者集体拥有。

区域人力资本既包括区域劳动力更广泛的人力资源考虑，也包括以员工的知识、技能和属性为形式的个人能力的更具体的要求（Mcgregor et al.，2004）。人力资本是可移动的，不属于特定的组织，因为员工被认为是人力资本的所有者（Roos et al.，1998）。根据斯图尔特（Stewart，1991）的说法，人力资本是"所有梯子的起点：创新的源泉，洞察力的主页"。邦迪斯（Bontis，2008）认为人力资本很重要，因为它是区域战略创新的源泉。

2. 问卷项目的编制

目前，人力资本模型主要关注于测量人力资本，有以下3种形式。

（1）人力资本准备（Human Capital Readiness，HCR）。人力资本准备是作为平衡计分卡的延伸而开发的，重点是人力资本，因此也被称为人力资源计分卡。该报告评估了5个人力资本领域，即战略技能和能力、领导能力、文化和战略意识、目标和激励的一致性，以及战略整合和使用一组指标的学习。它旨在评估一个组织的人力资源战略及其整体企业战略之间的关系，以及前者如何有助于后者。

（2）人力资本指数（Human Capital Index，HCI）。人力资源咨询公司华信惠悦（Watson Wyatt，2001）在对750家组织进行为期3年的研究后发现，46项人力资源实践与股东价值增长之间存在相关性。他们将实践分为5个维度，并指出对财务业绩的影响从一个维度到另一个维度是不同的。其人力资本指数使用问卷来衡量和评估他们建议的组织内的每一种实践。这不能被认为是一个明确的人力资本测量，而是一个人力资源行动的评估，增加了人力资本，从而导致财务价值的增加。

（3）人力资本监测（Human Capital Monitoring，HCM）。梅奥（Mayo，2001）将他提出的人力资本监测框架描述为"一种承认人对价值创造的重要贡献的方法"。模型公式为：人力资产价值+人的动机和承诺=人对增加价值的贡献。其中，人力资产价值=雇佣成本（EC）×个人资产乘数（IAM）/1000，雇佣成本（EC）=基本工资+福利价值+雇主税收。个人资产乘数是对员工能力、潜力以及对附加值的贡献和价值的加权平均评估。通过一系列的指标和调查，梅奥评估了5个因素来衡量"积极性和投入程度"：领导效率、实际支持、工作小组的性质、学习和发展的文化，以及奖励和认可的系统。"人对增加价值的贡献"是通过一系列财务和非财务指标来衡量的。人力资本监测方法因做出某些假设和一定程度的主观性而受到批评，但其优势在于，它是为数不多的试图在员工个人层面而非集体层面衡量人力资本的框架之一。

借鉴以上观点，我们编制了区域人力资本的 6 个问卷项目，并采取七点打分制，如表 3-2 所示。

表 3-2　区域人力资本问卷项目表

项目编号	项目内容	测量内容
RHC01	劳动力充足	劳动力数量
RHC02	劳动力技能与工作岗位一致	劳动力技能
RHC03	教育水平能够满足经济的发展要求	教育
RHC04	医疗状况能够适应当地的需要	医疗
RHC05	职工有自己的专有技术	专有技术
RHC06	职工有部分收入用于自己的培训	培训

（四）区域内部结构的测量

1. 操作性定义

区域知识资本的第二个组成要素是区域内部结构。区域内部结构是指嵌入一个区域组织结构和制度中的知识资本，它研究的是能够导致商业智能的结构和信息系统，区域内部结构资本包括各种"知识储备"，如组织惯例、战略、过程手册和数据库（Boisot, 2002; Ordonez, 2004）。区域内部结构是当员工晚上回家时留在公司里的知识，因此，区域组织是内部结构资本的剩余所有者。内部结构虽然受到人力资本的影响，但它是客观存在的，独立于人力资本之外（Chen et al., 2005）。例如，专利是由区域人力资本创造的，但创造后它们则属于区域内的企业、科研院所、医院和学校等组织。

2. 问卷项目的编制

结构资本涉及与区域文化、历史、态度、规范、价值观、行为、形象和其他特征区域系统的文化维度相关的基础设施（Iyer et al., 2005; Thurik, 2009），另外，声誉也被认为是一种有价值的、结构性的无形资产，可以让一个地区实现价值目标（Passow et al., 2005）。这些构成了区域声誉、区域形象的基础，其中一些可以转化为合法财产，如商标和品牌名称。声誉和关系可以是好的也可以是坏的，并且可以随着时间的推移而改变，它们在一定程度上独立于个体之外。

借鉴以上观点，我们编制了6个项目的区域内部结构问卷，并采取七点打分制，如表3-3所示。

表3-3 区域内部结构问卷项目表

项目编号	项目内容	测量内容
RIS01	历史悠久	历史
RIS02	文化遗产特别是民族文化丰富多彩	文化遗产
RIS03	区域形象得到公众的认同	省内声誉
RIS04	内部交通网络发展快	交通网络
RIS05	行政效率逐年提高	行政效率
RIS06	基础设施趋于完善	基础设施

（五）区域外部结构的测量

1. 操作性定义

区域知识资本的第三个组成要素是区域外部结构。区域外部结构是与一个区域的对外关系和合作相关的知识资本，它也反映了区域知识资本与国家知识资本乃至全球知识资本之间的联系，描述了一个区域如何成功地利用国家知识资本和全球知识资本来发展自己。区域外部结构可以看作是与区域外部的顾客和供应商之间的一系列无形关系。

区域外部结构包括嵌入区域内组织发展的所有外部关系中的知识，诸如区域外部的客户、竞争对手、供应商、贸易协会或政府机构等。区域外部结构的主要类别之一通常被称为客户资本，表示区域的"国际市场导向"，定义为基于当前和未来客户需求的市场情报产生、传播和行动的区域范围的程度。这些最初被确认在平衡计分卡、客户和客户资本以及关系资本中。

2. 问卷项目的编制

结构资本涉及与区域文化、历史、态度、规范、价值观、行为、形象和其他特征区域系统的文化维度相关的基础设施，另外，声誉也被认为是一种有价值的、结构性的无形资产，可以让一个地区实现价值目标。

借鉴以上观点，我们编制了 5 个项目的区域外部结构问卷，采取七点打分制，如表 3-4 所示。

表 3-4 区域外部结构问卷项目表

项目编号	项目内容	测量内容
RES01	在省外有较高的美誉度	省外声誉
RES02	在周边国家有较高的美誉度	国际声誉
RES03	与省外国外交通发达	对外交通
RES04	旅游收入大多来源于省外乃至国外	外来旅游
RES05	与省外、国外交往密切	对外交往

第二节 数据分析

一、描述性统计分析

（一）问卷项目的描述性统计

本研究共有 3 个变量 17 个项目，分别为区域人力资本 6 个项目（RHC01～RHC06）、区域内部结构 6 个项目（RIS01～RIS06）、区域外部结构 5 个项目（RES01～RES05）。本研究 17 个问卷题目的极小值、极大值、均值、偏度和峰度，如表 3-5 所示。从偏度和峰度来看，各项目得分符合正态分布，适合后续分析。

表 3-5 问卷项目的描述统计表

项目编号	极小值	极大值	均值 估计值	均值 标准误	均值 标准差	均值 方差	偏度 估计值	偏度 标准误	峰度 估计值	峰度 标准误
RHC01	1	7	5.25	0.053	1.217	1.482	−0.563	0.107	0.279	0.213

续表

项目编号	极小值	极大值	均值 估计值	均值 标准误	均值 标准差	方差	偏度 估计值	偏度 标准误	峰度 估计值	峰度 标准误
RHC02	1	7	5.25	0.055	1.267	1.605	−0.662	0.107	0.208	0.213
RHC03	1	7	5.26	0.052	1.201	1.442	−0.619	0.107	0.526	0.213
RHC04	1	7	5.27	0.057	1.295	1.676	−0.660	0.107	0.305	0.213
RHC05	1	7	5.32	0.052	1.193	1.422	−0.479	0.107	0.014	0.213
RHC06	1	7	5.27	0.055	1.262	1.592	−0.684	0.107	0.295	0.213
RIS01	1	7	5.18	0.055	1.264	1.598	−0.693	0.107	0.688	0.213
RIS02	1	7	5.25	0.054	1.241	1.540	−0.717	0.107	0.661	0.213
RIS03	1	7	5.37	0.051	1.176	1.384	−0.693	0.107	0.759	0.213
RIS04	1	7	5.24	0.054	1.230	1.514	−0.744	0.107	0.734	0.213
RIS05	1	7	5.30	0.055	1.252	1.567	−0.888	0.107	0.977	0.213
RIS06	1	7	5.28	0.055	1.251	1.566	−0.788	0.107	0.686	0.213
RES01	1	7	5.14	0.057	1.310	1.716	−0.596	0.107	0.297	0.213
RES02	1	7	5.30	0.052	1.196	1.429	−0.550	0.107	0.292	0.213
RES03	1	7	5.13	0.053	1.206	1.455	−0.539	0.107	0.172	0.213
RES04	1	7	5.28	0.054	1.233	1.521	−0.567	0.107	0.275	0.213
RES05	1	7	5.31	0.051	1.161	1.348	−0.511	0.107	0.200	0.213

（二）问卷的样本结构

我们首先对编制的问卷进行了试测，经修改后，在全国范围内发放了600份，回收578份，有效问卷524份，有效率为90.7%。样本结构描述如表3-6所示。

表 3-6　样本结构分析表

人口统计变量\类别	组别	人数	百分比（%）	累积百分比（%）
性别	男	238	45.4	45.4
	女	286	54.6	100.0
工龄	5年以下	183	34.9	34.9
	6~10年	220	42.0	76.9
	11~19年	103	19.7	96.6
	20年以上	18	3.4	100.0
学历	硕士及以上	96	18.3	18.3
	本科	306	58.4	76.7
	专科及以下	122	23.3	100.0
职位	普通员工	211	40.3	40.3
	基层管理者	158	30.2	70.4
	中层管理者	124	23.7	94.1
	高层管理者	31	5.9	100.0
单位性质	公有	178	34.0	34.0
	民营	275	52.5	86.5
	其他	71	13.5	100.0
合计		524		

二、组成因素的测量模型检验

对区域知识资本组成要素的测量模型检验是通过探索性因素分析（Exploratory Factor Analysis，EFA）、验证性因素分析（Confirmatory Factor Analysis，CFA）和相关分析来完成的，二者分别采用 SPSS 22.0 和 AMOS 22.0 软件。在此之前，首先要进行问卷的信度分析，以保证问卷的项目适合做探索性因素分析和验证性因素分析。

(一) 对构造变量的信度分析

信度即问卷或量表的可靠性。信度分析有多种方法，最常见的是采用内部一致性克朗巴哈系数（Cronbach's α）来判断。α 系数通常在 0～1 之间，如果 α 系数大于 0.9，则表示信度很好；如果 α 系数在 0.7～0.9 之间，则表示可以接受；如果 α 系数小于 0.7，则表示问卷中有些项目可以删除。

通过 SPSS 22.0 的可靠性分析，得到本研究整体问卷的 α 系数为 0.924，说明问卷的信度很好。尽管区域人力资本、区域内部结构和区域外部结构 3 个分问卷的项目数为 5～6 个，但其 α 系数分别为 0.873、0.858、0.836。同时，从"更正后项目总数相关"（CITC 值）来看，各项数值均在 0.4 以上，表明各项目均达到了信度分析的要求。另外，从"α if"来看，如果删除其中的一个项目，α 系数均会低于 0.924，所以，这些项目对于问卷来说都是必要的，不能删除任何一个，具体如表 3-7 所示。

表 3-7 信度分析表

项目	CITC 值	α if	项目	CITC 值	α if	项目	CITC 值	α if
RHC01	0.672	0.919	RIS01	0.610	0.920	RES01	0.607	0.920
RHC02	0.678	0.918	RIS02	0.633	0.919	RES02	0.630	0.920
RHC03	0.628	0.920	RIS03	0.584	0.921	RES03	0.620	0.920
RHC04	0.591	0.921	RIS04	0.597	0.920	RES04	0.667	0.919
RHC05	0.595	0.920	RIS05	0.604	0.920	RES05	0.575	0.921
RHC06	0.636	0.919	IS06	0.612	0.920			
RHC 分问卷的 α 系数	0.873		RIS 分问卷的 α 系数	0.858		RES 分问卷的 α 系数	0.836	
整体问卷的 α 系数	0.924							

(二) 探索性因素分析

探索性因素分析一般与主成分分析一起使用，根据最大似然法和最大方差旋转法提取因素，删除因素负荷小于 0.4 的项目。

通过 SPSS 22.0 软件分析，区域知识资本的 17 个项目的 KMO 值检验为 0.945，巴特利（Bartlett）球形检验值为 4300.422，在 P＜0.001 的水平上显著。经主成分法提取的 3 个因素（区域人力资本、区域内部结构和区域外部结构）的特征值分别为 7.697、1.665 和 0.955，区域人力资本的特征值远远大于区域内部结构和外部结构，由此也可以看出区域人力资本在区域知识资本构成中的重要作用。尽管第三个因素区域外部结构的特征值略低于 1，但其累积解释变异量（60.686%）已超过了 60%。区域知识资本的 17 个项目负载在 3 个因素上。在第一个区域人力资本因素上，因素负荷大于 0.4 的问卷项目有 6 个；在第二个区域内部结构因素中，因素负荷大于 0.4 的问卷题目有 6 个；第三个区域外部结构因素中，因素负荷大于 0.4 的问卷项目有 5 个，如表 3-8 所示。

表 3-8 旋转后的因素提取结果

因素名称	项目	1	2	3
区域人力资本（RHC）	RHC06	0.758	0.263	0.100
	RHC04	0.757	0.202	0.140
	RHC05	0.746	0.141	0.236
	RHC03	0.719	0.276	0.068
	RHC02	0.705	0.240	0.222
	RHC01	0.691	0.102	0.355
区域内部结构（RIS）	RIS04	0.162	0.808	0.132
	RIS01	0.223	0.697	0.321
	RIS05	0.179	0.681	0.247
	RIS03	0.218	0.614	0.341
	RIS02	0.322	0.612	0.322
	RIS06	0.322	0.579	0.289

续表

因素名称	项目	1	2	3
区域外部结构 （RES）	RES01	0.147	0.224	0.834
	RES03	0.168	0.268	0.771
	RES04	0.216	0.405	0.647
	RES02	0.326	0.304	0.568
	RES05	0.228	0.387	0.478
特征值		7.697	1.665	0.955
解释变异量（%）		22.438	20.548	17.701
累积解释变异量（%）		22.438	42.985	60.686
KMO 值		0.945		
巴特利（Bartlett）球形检验值		4300.422		
显著性		0.000		

（三）测量模型的验证性因素分析

1. 拟合优度检验

经过探索性因素分析后，接下来对测量模型进行验证性因素分析。验证性因素分析采用结构方程建模（Structural Equation Modeling，SEM）中的拟合优度大拇指法则（A Rule of Thumb）来判断，这种方法也是效度分析的一种，即收敛效度分析。最常用的指标和标准，如表3-9所示。

表3-9 结构方程模型的拟合优度指标

序号	指标名称	含义与标准
1	χ^2（CMIN），卡方	卡方值的大小表示整体模型包含的变量相关关系矩阵与实际数据的相关关系矩阵的拟合度。卡方值越小，差异越不显著，卡方值越大越好，其标准为 $P < 0.05$
2	χ^2/df，卡方与自由度之比	因为卡方值容易受到变量数和样本数的影响，出现假设模型与实际数据拟合度差的情况，因此用卡方自由度比作为考量模型拟合度的指标，其标准为 $1 < \chi^2/df < 3$
3	RMSEA，近似误差均方根	如果 RMSEA 值高于 0.1 以上，则表示模型的拟合度差；如果 RMSEA 值小于 0.05，则表示模型的拟合度是可以接受的

续表

序号	指标名称	含义与标准
4	SRMR，标准化残差均方根	RMR 表示实测矩阵与模型矩阵相减后获得残差平方和的平方根，即拟合残差。因为 RMR 值会受到变量测量尺度的影响，不同变量的 RMR 值无法比较，所以将残差标准化，用 SRMR 表示标准化残差平方和的平方根。SRMR 值在 0.05 以下时可以接受，越小越好
5	GFI，拟合度指数 AGFI，调整后的拟合度指数	AGFI 消除了自由度对 GFI 的影响。如果模型矩阵与实际数据矩阵拟合度高，则 GFI 值越接近 1，相反，如果拟合度越差，则 GFI 值越小。一般来说，当 GFI 值大于 0.9 时，表示模型拟合度高。与 GFI 值的分析原理一样，只不过 AGFI 考虑了模型自由度，当 AGFI 的值大于 0.9 以上时，表示模型拟合度高
6	RFI，相对拟合指数	RFI 值越接近 1，表示拟合度越高。如果大于 0.9 以上，则表示假设模型的拟合度高
7	IFI、TLI，增值拟合度指标	IFI 和 TLI 通常是将待检验的假设理论模型与独立模型进行比较，以判别模型的拟合度，越接近 1 表示模型拟合度越高，越小表示模型拟合度越差。NNFI 是将待检验的假设理论模型与独立模型进行比较，以判别模型的拟合度。TLI 值和 IFI 值有可能大于 1，当大于 0.9 以上时，表示假设模型的拟合度高
8	CFI，比较拟合指数	CFI 值越接近 1，表示拟合度越高。如果大于 0.9 以上，则表示假设模型的拟合度高

从表 3-10 所示的 AMOS 21.0 结构方程模型软件的分析结果来看，χ^2/df 为 2.460，小于 3，$p < 0.001$；RMSEA 为 0.053，小于 0.08；SRMR 为 0.380，小于 0.05；GFI、AGFI、RFI、IFI、NNFI、CFI 分别为 0.938、0.918、0.923、0.960、0.953、0.960，均大于 0.9。从指标拟合优度来说，区域知识资本这个三因素结构模型具有良好的拟合优度。

表 3-10　区域知识资本测量模型的拟合优度

χ^2	df	χ^2/df	P	RMSEA	SRMR	GFI	AGFI	RFI	IFI	TFI	CFI
286.128	116	2.460	0.000	0.053	0.0380	0.938	0.918	0.923	0.960	0.953	0.960

2. 效度分析

问卷的效度要求各项目的因素负荷大于 0.5；C.R. 值大于 1.96。从表 3-4 来看，17 个问卷项目均符合标准，项目—因素关系路径、因素之间关系路径均在 p < 0.001 的水平上显著，这说明构造效度良好。项目—因素关系路径系数及显著性如表 3-11 所示，因素之间关系路径系数及显著性如表 3-12、图 3-3 所示。

表 3-11 项目—因素关系路径表

项目—因素关系路径	标准化系数	非标准化路径系数	标准误差	C.R.	显著性
RHC06 ← F1_区域人力资本	0.748	1.000			
RHC05 ← F1_区域人力资本	0.734	0.982	0.060	16.458	***
RHC04 ← F1_区域人力资本	0.738	0.970	0.060	16.264	***
RHC03 ← F1_区域人力资本	0.720	0.905	0.056	16.052	***
RHC02 ← F1_区域人力资本	0.739	0.979	0.060	16.347	***
RIS02 ← F2_区域内部结构	0.732	0.999	0.060	16.543	***
RES02 ← F3_区域外部结构	0.677	0.840	0.058	14.537	***
RES03 ← F3_区域外部结构	0.742	0.929	0.056	16.618	***
RES04 ← F3_区域外部结构	0.773	0.990	0.060	16.632	***
RES05 ← F3_区域外部结构	0.638	0.769	0.056	13.624	***
RHC01 ← F1_区域人力资本	0.703	0.950	0.060	15.721	***
RES01 ← F3_区域外部结构	0.735	1.000			
RIS06 ← F2_区域内部结构	0.692	0.941	0.060	15.605	***
RIS05 ← F2_区域内部结构	0.672	0.864	0.057	15.272	***
RIS04 ← F2_区域内部结构	0.688	0.960	0.061	15.732	***
RIS03 ← F2_区域内部结构	0.702	0.909	0.056	16.110	***
RIS01 ← F2_区域内部结构	0.762	1.000			

注：*** 表示 p < 0.001。

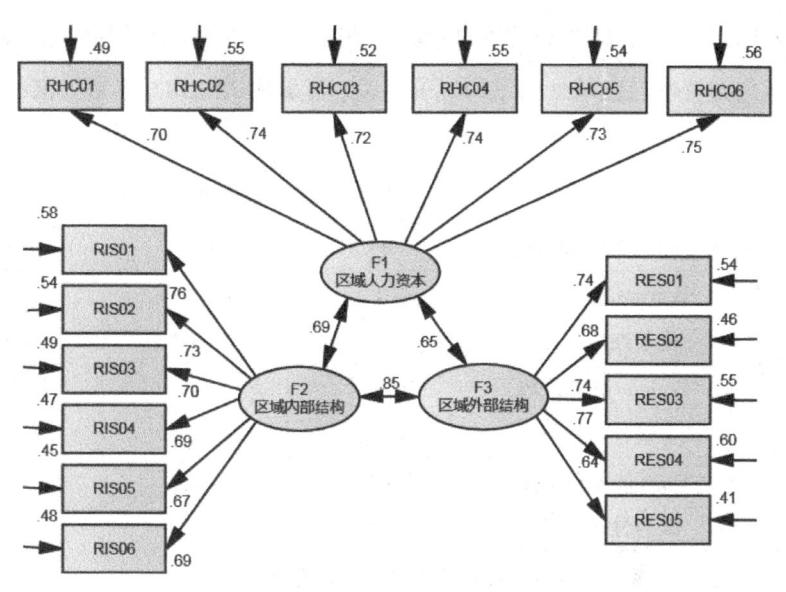

第三章 区域知识资本结构方程模型实证研究

图 3-3 中介模型示意图

表 3-12 因素之间关系路径表

因素相关路径	标准化路径相关系数	方差	S.E.	C.R.	显著性
F1_区域人力资本 ↔ F2_区域内部结构	0.695	0.602	0.060	10.057	***
F2_区域内部结构 ↔ F3_区域外部结构	0.853	0.761	0.069	11.015	***
F1_区域人力资本 ↔ F3_区域外部结构	0.652	0.587	0.061	9.609	***

注：*** 表示 $p < 0.001$。

据此，研究假设 H1-1 检验通过，即区域知识资本包括区域人力资本、区域内部结构和区域外部结构 3 个因素。

（四）相关分析

经过 SPSS 22.0 的相关分析检验，区域知识资本的 3 个组成要素（区域人力资本、区域内部结构和区域外部结构）均在 $p < 0.001$ 的水平上显著相关。三者的相关系数及显著性如表 3-13 所示。3 个要素的 17 个项目之间也在 $p < 0.001$ 的水平上显著相关，各项目之间的相关系数及显著性如表 3-14 所示。据此，H1-2、

H1-3、H1-4 这 3 个研究假设均通过检验，即区域人力资本与区域内部结构显著相关、区域人力资本与区域外部结构显著相关、区域内部结构与区域外部结构显著相关。

表 3-13　各变量相关系数与显著性

	相关系数与显著性	RHC	RIS	RES
RHC	Pearson 相关系数	1	0.601***	0.569***
	显著性（双尾）		0.000	0.000
RIS	Pearson 相关系数	0.601***	1	0.726***
	显著性（双尾）	0.000		0.000
RES	Pearson 相关系数	0.569***	0.726***	1
	显著性（双尾）	0.000	0.000	

注：*** 表示相关性在 0.001 的水平上显著（双尾）。

三、因素互动的中介结构模型检验

（一）中介效应原理

中介效应是指自变量通过中介变量对因变量所产生的影响。如图 3-4 所示，自变量 X 通过中介变量 M 对因变量 Y 产生影响。检验中介效应需要经过 3 个步骤：①自变量 X 对因变量 Y 有显著影响，这是中介效应的前提条件，这个直接效应记为 c。②自变量 X 对中介变量 Y 的影响显著，同时中介变量 M 对因变量 Y 影响显著，即二者的路径系数 a、b 同时显著。③如果 c' 显著，则表示中介变量 M 起部分中介效应，中介效应为 a×b，直接效应为 c'，中介效应占总效应的比例为 ab/(ab+c')；如果 c' 不显著，则中介变量 M 起完全中介效应。

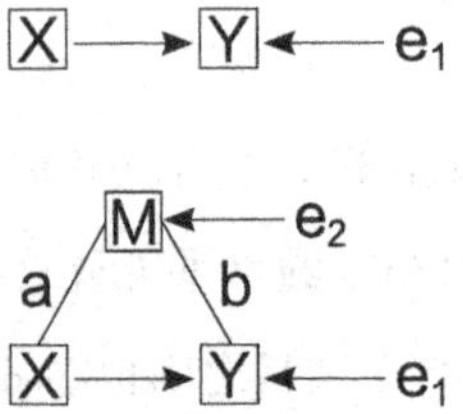

$$Y = cX + e_1 \quad (1)$$

$$M = aX + e_2 \quad (2)$$

$$Y = c'X + bM + e_3 \quad (3)$$

图 3-4　中介模型示意图

表 3-14 项目相关系数与显著性

项目	相关系数与显著性	RHC01	RHC02	RHC03	RHC04	RHC05	RHC06	RIS01	RIS02	RIS03	RIS04	RIS05	RIS06	RES01	RES02	RES03	RES04	RES05
RHC01	Pearson 相关系数 显著性（双尾）	1																
RHC02	Pearson 相关系数 显著性（双尾）	0.511*** 0.000	1															
RHC03	Pearson 相关系数 显著性（双尾）	0.459*** 0.000	0.559*** 0.000	1														
RHC04	Pearson 相关系数 显著性（双尾）	0.514*** 0.000	0.544*** 0.000	0.572*** 0.000	1													
RHC05	Pearson 相关系数 显著性（双尾）	0.521*** 0.000	0.524*** 0.000	0.497*** 0.000	0.567*** 0.000	1												
RHC06	Pearson 相关系数 显著性（双尾）	0.554*** 0.000	0.532*** 0.000	0.555*** 0.000	0.516*** 0.000	0.575*** 0.000	1											
RIS01	Pearson 相关系数 显著性（双尾）	0.345*** 0.000	0.396*** 0.000	0.356*** 0.000	0.354*** 0.000	0.370*** 0.000	0.381*** 0.000	1										
RIS02	Pearson 相关系数 显著性（双尾）	0.404*** 0.000	0.442*** 0.000	0.362*** 0.000	0.413*** 0.000	0.397*** 0.000	0.410*** 0.000	0.526*** 0.000	1									
RIS03	Pearson 相关系数 显著性（双尾）	0.362*** 0.000	0.386*** 0.000	0.328*** 0.000	0.353*** 0.000	0.301*** 0.000	0.380*** 0.000	0.567*** 0.000	0.456*** 0.000	1								
RIS04	Pearson 相关系数 显著性（双尾）	0.303*** 0.000	0.315*** 0.000	0.331*** 0.000	0.300*** 0.000	0.315*** 0.000	0.348*** 0.000	0.551*** 0.000	0.495*** 0.000	0.530*** 0.000	1							

续表

项目	相关系数与显著性	RHC01	RHC02	RHC03	RHC04	RHC05	RHC06	RIS01	RIS02	RIS03	RIS04	RIS05	RIS06	RES01	RES02	RES03	RES04	RES05
RIS05	Pearson 相关系数	.309***	0.349***	0.358***	0.319***	0.315***	0.283***	0.524***	0.520***	0.414***	0.514***	1						
	显著性（双尾）	0.000	0.000	0.000	0.000	0.000	0.000	0.000	0.000	0.000	0.000							
RIS06	Pearson 相关系数	0.361***	0.412***	0.368***	0.365***	0.373***	0.458***	0.502***	0.543***	0.503***	0.442***	0.439***	1					
	显著性（双尾）	0.000	0.000	0.000	0.000	0.000	0.000	0.000	0.000	0.000	0.000	0.000						
RES01	Pearson 相关系数	0.388***	0.333***	0.254***	0.290***	0.358***	0.283***	0.436***	0.431***	0.454***	0.375***	0.397***	0.445***	1				
	显著性（双尾）	0.000	0.000	0.000	0.000	0.000	0.000	0.000	0.000	0.000	0.000	0.000	0.000					
RES02	Pearson 相关系数	0.455***	0.390***	0.317***	0.384***	0.427***	0.354***	0.488***	0.461***	0.418***	0.392***	0.399***	0.418***	0.480***	1			
	显著性（双尾）	0.000	0.000	0.000	0.000	0.000	0.000	0.000	0.000	0.000	0.000	0.000	0.000	0.000				
RES03	Pearson 相关系数	0.362***	0.362***	0.288***	0.292***	0.345***	0.314***	0.448***	0.465***	0.486***	0.376***	0.387***	0.433***	0.647***	0.486***	1		
	显著性（双尾）	0.000	0.000	0.000	0.000	0.000	0.000	0.000	0.000	0.000	0.000	0.000	0.000	0.000	0.000			
RES04	Pearson 相关系数	0.378***	0.422***	0.371***	0.350***	0.325***	0.335***	0.555***	0.479***	0.474***	0.413***	0.458***	0.451***	0.558***	0.510***	0.554***	1	
	显著性（双尾）	0.000	0.000	0.000	0.000	0.000	0.000	0.000	0.000	0.000	0.000	0.000	0.000	0.000	0.000	0.000		
RES05	Pearson 相关系数	0.355***	0.347***	0.343***	0.326***	0.303***	0.321***	0.419***	0.475***	0.343***	0.401***	0.449***	0.335***	0.430***	0.407***	0.433***	0.541***	1
	显著性（双尾）	0.000	0.000	0.000	0.000	0.000	0.000	0.000	0.000	0.000	0.000	0.000	0.000	0.000	0.000	0.000	0.000	

注：*** 表示相关性在 0.001 的水平上显著（双尾）。

（二）直接影响检验

1. 区域人力资本对区域内部结构的直接影响

经检验，自变量对因变量即区域人力资本对区域内部结构的标准化回归系数为 0.694，在 $p < 0.001$ 的水平上显著（见表 3-15）。由此，研究假设 H2-1 得到验证，即区域人力资本对区域内部结构有显著影响。标准化和非标准化路径，如图 3-5、3-6 所示。

表 3-15 变量和项目路径回归系数与显著性

路径			标准化路径系数	非标准化路径系数	标准误差	C.R.	显著性
区域内部结构	←	区域人力资本	0.694	0.680	0.054	12.707	***
RIS06	←	区域内部结构	0.694	0.949	0.062	15.227	***
RIS05	←	区域内部结构	0.671	0.866	0.058	14.880	***
RIS04	←	区域内部结构	0.703	0.985	0.063	15.686	***
RIS03	←	区域内部结构	0.698	0.908	0.058	15.647	***
RIS02	←	区域内部结构	0.728	0.999	0.063	15.964	***
RHC02	←	区域人力资本	0.737	0.971	0.059	16.368	***
RIS01	←	区域内部结构	0.758	1.000			
RHC06	←	区域人力资本	0.753	1.000			
RHC05	←	区域人力资本	0.733	0.974	0.059	16.491	***
RHC04	←	区域人力资本	0.740	0.967	0.059	16.334	***
RHC03	←	区域人力资本	0.723	0.903	0.056	16.165	***
RHC01	←	区域人力资本	0.697	0.936	0.060	15.661	***

注：*** 表示 $p < 0.001$。

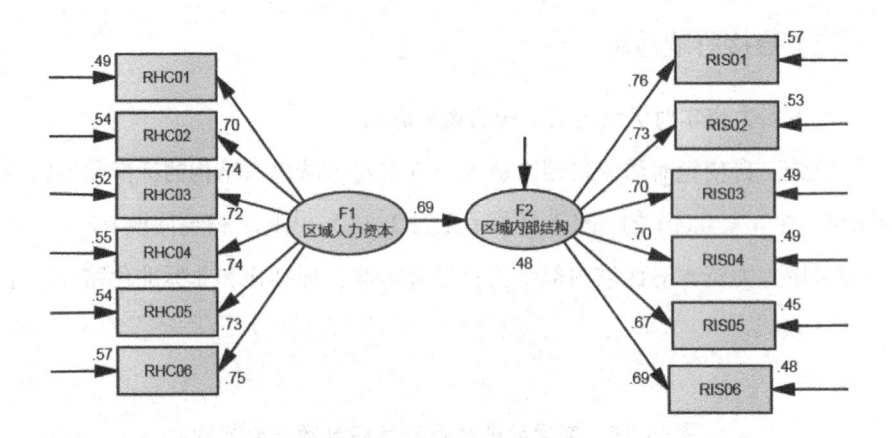

图 3-5 区域人力资本对区域内部结构的标准化关系路径

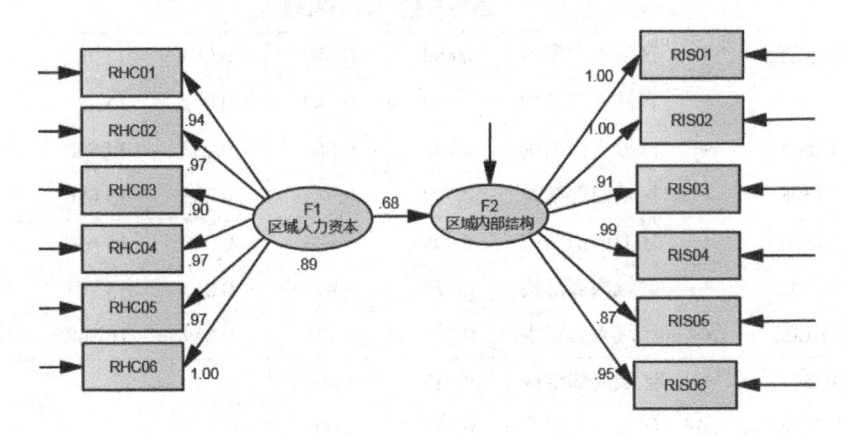

图 3-6 区域人力资本对区域内部结构的非标准化关系路径

2. 区域人力资本对区域外部结构的直接影响

经检验，自变量对因变量即区域人力资本对区域外部结构的标准化回归系数为 0.649，在 $p < 0.001$ 的水平上显著（见表 3-16）。由此，研究假设 H2-2 得到验证，即区域人力资本对区域外部结构有显著影响。标准化和非标准化路径，如图 3-7、3-8 所示。

表 3-16 变量和项目路径回归系数与显著性

关系路径			标准化系数	非标准化系数	S.E.	C.R.	显著性
F3_区域外部结构	←	F1_区域人力资本	0.649	0.686	0.059	11.718	***
RHC02	←	F1_区域人力资本	0.737	0.984	0.061	16.145	***
RES02	←	F3_区域外部结构	0.669	0.815	0.057	14.186	***
RES03	←	F3_区域外部结构	0.753	0.926	0.055	16.825	***
RES04	←	F3_区域外部结构	0.764	0.960	0.060	16.087	***
RES05	←	F3_区域外部结构	0.628	0.743	0.056	13.183	***
RES01	←	F3_区域外部结构	0.749	1.000			
RHC06	←	F1_区域人力资本	0.743	1.000			
RHC05	←	F1_区域人力资本	0.738	0.994	0.061	16.377	***
RHC04	←	F1_区域人力资本	0.739	0.978	0.061	16.102	***
RHC03	←	F1_区域人力资本	0.718	0.908	0.057	15.851	***
RHC01	←	F1_区域人力资本	0.708	0.963	0.061	15.688	***

注：*** 表示 $p < 0.001$。

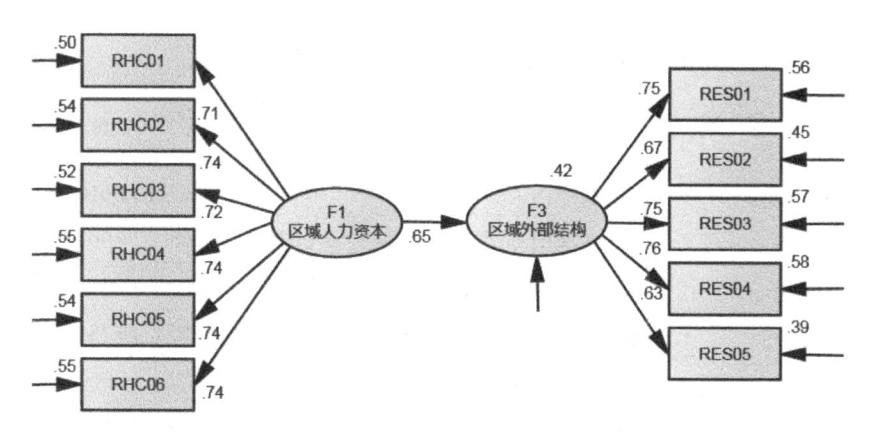

图 3-7 区域人力资本对区域外部结构的标准化关系路径

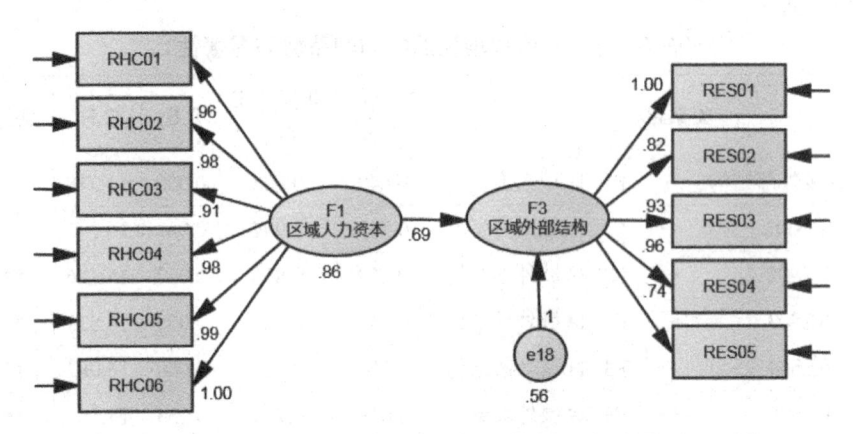

图3-8 区域人力资本对区域外部结构的非标准化关系路径

3. 区域内部结构对区域外部结构的直接影响

经检验，自变量对因变量即区域内部结构对区域外部结构的标准化回归系数为0.851，在p＜0.001的水平上显著（见表3-17）。由此，研究假设H2-3得到验证，即区域内部结构对区域外部结构有显著影响。标准化和非标准化路径，如图3-9、3-10所示。

表3-17 变量和项目路径回归系数与显著性

关系路径			标准化系数	非标准化系数	S.E.	C.R.	显著性
F3_区域外部结构	←	F2_区域内部结构	0.851	0.919	0.067	13.610	***
RIS02	←	F2_区域内部结构	0.724	1.020	0.068	14.903	***
RES02	←	F3_区域外部结构	0.668	0.824	0.057	14.431	***
RES03	←	F3_区域外部结构	0.747	0.928	0.055	16.784	***
RES04	←	F3_区域外部结构	0.774	0.984	0.059	16.660	***
RES05	←	F3_区域外部结构	0.634	0.759	0.056	13.572	***
RES01	←	F3_区域外部结构	0.741	1.000			
RIS06	←	F2_区域内部结构	0.683	0.958	0.068	14.084	***
RIS05	←	F2_区域内部结构	0.676	0.897	0.063	14.178	***
RIS04	←	F2_区域内部结构	0.694	1.000			

续表

关系路径	标准化系数	非标准化系数	S.E.	C.R.	显著性
RIS03 ← F2_区域内部结构	0.705	0.941	0.064	14.710	***
RIS01 ← F2_区域内部结构	0.768	1.040	0.066	15.859	***

注：*** 表示 $p < 0.001$。

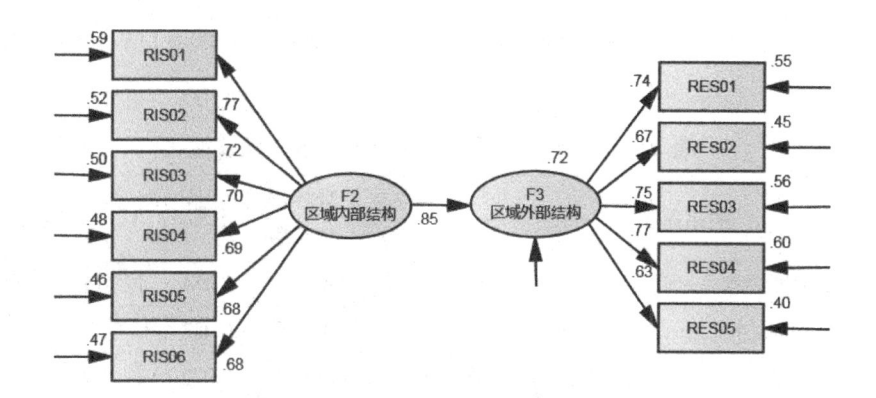

图 3-9　区域人力资本对区域外部结构的标准化关系路径

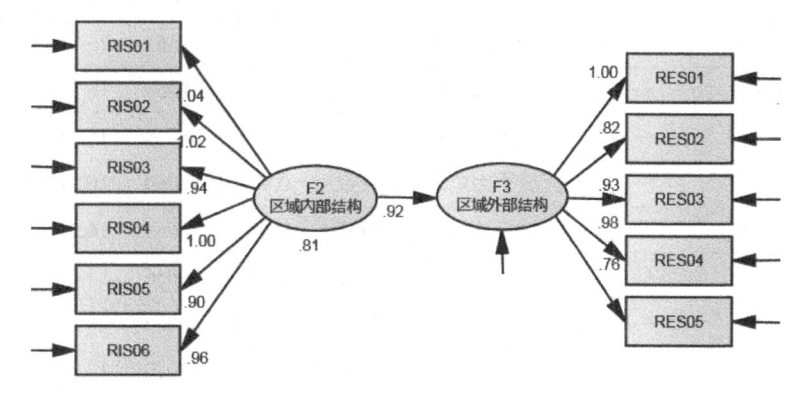

图 3-10　区域人力资本对区域外部结构的非标准化关系路径

（三）中介效应分析

经检验，区域人力资本对区域内部结构的标准化回归系数为 a=0.695，在 $p < 0.001$ 的水平上显著，由此说明路径 a 显著。同时，区域内部结构对区域外部结构的标准化回归系数为 b=0.774，在 $p < 0.001$ 的水平上显著，由此说明路径 b 显

著（见表3-18）。因此，研究假设H2-4得到验证，即区域内部结构在区域人力资本和区域外部结构之间起中介作用。标准化和非标准化路径，如图3-11、图3-12所示。

而且，由于区域人力资本对区域外部结构的关系路径为c'=0.115，在p<0.001的水平上显著，由此说明路径c'显著。因此，区域内部结构在区域人力资本和区域外部结构之间起部分中介作用，中介效应为a×b=0.538，直接效应为c'=0.115，中介效应占总效应的比例为ab/（ab+c'）=0.538/（0.538+0.115）=82.26%。

表3-18 变量和项目路径回归系数与显著性

关系路径			标准化系数	非标准化系数	S.E.	C.R.	显著性
F2_区域内部结构	←	F1_区域人力资本	0.695	0.688	0.054	12.775	***
F3_区域外部结构	←	F1_区域人力资本	0.115	0.118	0.057	2.073	.038
F3_区域外部结构	←	F2_区域内部结构	0.774	0.803	0.072	11.129	***
RIS06	←	F2_区域内部结构	0.692	0.941	0.060	15.605	***
RIS05	←	F2_区域内部结构	0.672	0.864	0.057	15.272	***
RIS04	←	F2_区域内部结构	0.688	0.960	0.061	15.732	***
RIS03	←	F2_区域内部结构	0.702	0.909	0.056	16.110	***
RIS02	←	F2_区域内部结构	0.732	0.999	0.060	16.543	***
RHC02	←	F1_区域人力资本	0.739	0.979	0.060	16.347	***
RES02	←	F3_区域外部结构	0.677	0.840	0.058	14.537	***
RES03	←	F3_区域外部结构	0.742	0.929	0.056	16.618	***
RES04	←	F3_区域外部结构	0.773	0.990	0.060	16.632	***
RES05	←	F3_区域外部结构	0.638	0.769	0.056	13.624	***
RIS01	←	F2_区域内部结构	0.762	1.000			
RES01	←	F3_区域外部结构	0.735	1.000			
RHC06	←	F1_区域人力资本	0.748	1.000			
RHC05	←	F1_区域人力资本	0.734	0.982	0.060	16.458	***
RHC04	←	F1_区域人力资本	0.738	0.970	0.060	16.264	***
RHC03	←	F1_区域人力资本	0.720	0.905	0.056	16.052	***

续表

关系路径		标准化系数	非标准化系数	S.E.	C.R.	显著性
RHC01	← F1_区域人力资本	0.703	0.950	0.060	15.721	***

注：*** 表示 p < 0.001。

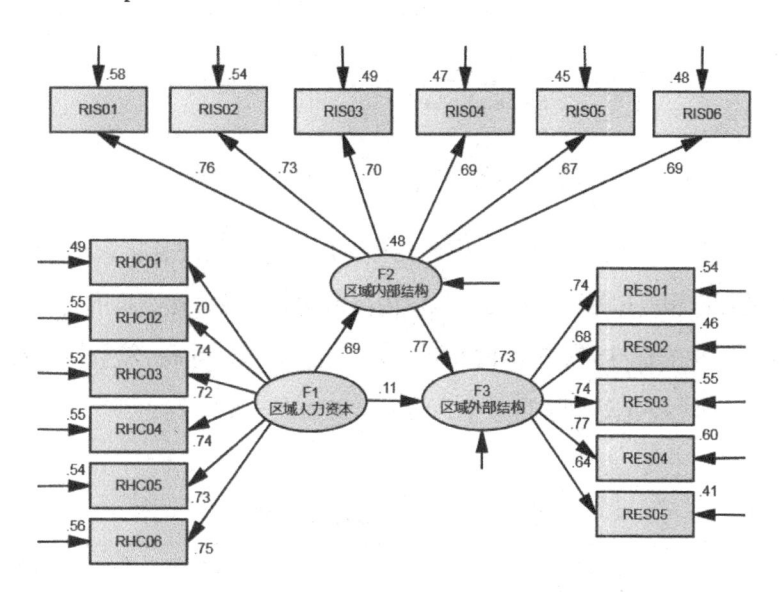

图 3-11 中介模型标准化路径

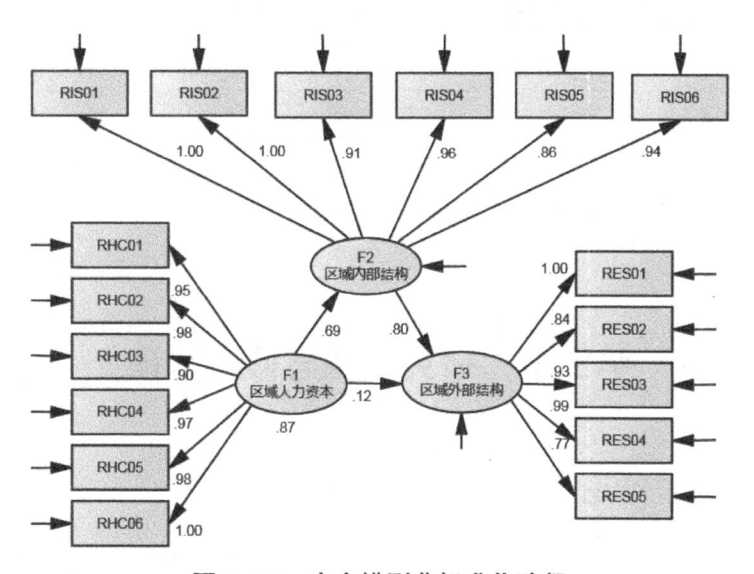

图 3-12 中介模型非标准化路径

（四）中介效应检验

中介效应的检验通常有 Sobel 检验、Aroian 检验、Goodman 检验等 3 种方法，其所用的统计量公式如下。

$$z = \frac{ab}{\sqrt{b^2 Sa^2 + a^2 Sb^2}} \quad (\text{Sobel 检验})$$

$$z = \frac{ab}{\sqrt{b^2 Sa^2 + a^2 Sb^2 + Sa^2 Sb^2}} \quad (\text{Aroian 检验})$$

$$z = \frac{ab}{\sqrt{b^2 Sa^2 + a^2 Sb^2 - Sa^2 Sb^2}} \quad (\text{Goodman 检验})$$

其中，a 表示区域人力资本对中介变量区域内部结构的直接影响，Sa 表示其直接影响的标准误；b 表示中介变量区域内部结构对区域外部结构的直接影响，Sb 表示其直接影响的标准误。Sobel 检验、Aroian 检验、Goodman 检验等 3 种检验均在 $p < 0.001$ 的水平上达到显著效果，检验结果如表 3-19 所示。

表 3-19 中介效应检验表

	效应值	检验方法	Z 值	标准误	显著性
a	0.694	Sobel 检验	9.034	0.0654	***
b	0.851	Aroian 检验	9.020	0.0654	***
Sa	0.054	Goodman 检验	9.048	0.0652	***
Sb	0.067	检验结果			显著

注：$z > 1.96$、$p < 0.05$，用 * 表示；$z > 2.58$、$p < 0.01$，用 ** 表示；$z > 3.29$、$p < 0.001$，用 *** 表示；没有 *，则表示统计不显著。

第三节 研究结论与假设验证

一、研究结论

我们根据国家和区域未来发展的相关政策文件，将区域知识资本的目标广义地定义为"区域福利"。为此,建立了区域知识资本的测量模型和结构模型,测量模型主要回答区域知识资本的组成要素包括哪些;结构模型主要回答上述组成因素之间的关系如何。经过对区域知识资本的测量模型、结构模型的构建与检验,主要得到了以下几个结论。

(1) 区域知识资本包括区域人力资本、区域内部结构和区域外部结构3个因素。

(2) 区域人力资本、区域内部结构和区域外部结构3个因素之间显著相关。

(3) 区域人力资本对区域内部结构、外部结构均有显著影响;区域内部结构对区域外部结构有显著影响。

(4) 区域内部结构在区域人力资本和区域外部结构之间起部分中介作用。

二、研究假设验证情况

我们首先进行文献回顾,形成研究假设,然后对变量进行操作性定义,形成调查问卷,接着对数据进行分析,检验证明区域知识资本包括区域人力资本、区域内部结构和区域外部结构3个因素,区域内部结构在区域人力资本和区域外部结构之间起部分中介作用。通过对区域知识资本的区域人力资本、区域内部结构和区域外部结构等3个组成要素的测量模型和结构模型检验,8个研究假设全部通过,如表3-20所示。

表3-20 网络层次研究假设验证结果表

	编号	研究假设	验证结果
测量模型部分	H1-1	区域知识资本包括区域人力资本、区域内部结构和区域外部结构3个因素	成立
	H1-2	区域人力资本与区域内部结构显著相关	成立
	H1-3	区域人力资本与区域外部结构显著相关	成立
	H1-4	区域内部结构与区域外部结构显著相关	成立

续表

	编号	研究假设	验证结果
结构模型部分	H2-1	区域人力资本对区域内部结构有显著影响	成立
	H2-2	区域人力资本对区域外部结构有显著影响	成立
	H2-3	区域内部结构对区域外部结构有显著影响	成立
	H2-4	区域内部结构在区域人力资本和区域外部结构之间起中介作用	成立

总之，区域知识资本可以看作是一个动态的知识库，它的能力是其战略相关知识的体现。通过对区域知识资本的测量模型和结构模型的检验，验证了区域知识资本由区域人力资本、区域内部结构和区域外部结构等3个因素组成，验证了这3个因素之间的互动关系，即区域内部结构在区域人力资本和区域外部结构之间起部分中介作用，区域人力资本既可以直接作用于区域外部结构，又可以通过区域内部结构作用于外部结构。这3种形式的知识资本的动态和持续的转换、重组导致了新知识的创造，有助于区域提高在市场中差异化竞争的能力，也为区域知识资本战略转移模式奠定了理论基础。

第四章 区域知识资本激励效应模型实证研究

> 对区域知识资本的研究产生了许多测量模型,用于一个区域的知识资本的地位与其他区域的比较,这些模型也为研究区域知识资本激励效应的持续影响提供了依据。本章采用VAIC法构建区域知识资本的激励效应模型,包括作用机制模型和持续效应模型两个部分。

第一节 导论

一、研究背景

知识可以生产和用于生产其他商品,就像其他生产要素在生产过程中被用作投入一样,因此人们可以把经济原理应用到知识的生产和交换中去。当技能退化或人们不再使用特定的知识时,它可以被存储,并将被折旧。当新的知识让过去的知识变得毫无价值时,过去的知识甚至可能变得过时。知识具有许多独特的特征。第一,知识的生产采用一种很好的非物质形式,并嵌入一个"蓝图"如专利、人工制品设计,一个软件项目,一份手稿等之中,不管是在人类之中还是在组织和地区之中皆是如此。第二,知识是一种部分排他性和非竞争性的商品。缺乏排他性意味着,将资源投入知识生产的企业和地区难以充分利用这些利益,也难以阻止他人在没有补偿的情况下使用知识。知识资本的非竞争性和非排他性导致了区域知识资本激励效应（Alves, 2016）。第三，知识可以以出版物、专利等形式被默示或编入制度，它至少在那些创作人的头脑中是部分默许的。隐性知识可以采取多种形式，例如技能和能力，具体到个人或合作的群体甚至区域都有共同的解释模式，但不是被编码或可能是不可编码的。

因此，对一个区域而言，每个工人的资本差异是决定地区间收入差异的一个因素，富裕地区工人的人均资本更高是其比贫穷地区的工人更有生产力的一个重要原因，但这并不是全部原因，因为区域的全要素生产率（Total Factor Productivity, TFP）存在巨大差异，而这些差异无法用每个工人的资本差异来解释。富裕地区工人的人均资本高的原因是富裕地区的全要素生产率高，全要素生产率不仅直接决定了劳动生产率，而且间接决定了每个工人的资本。促进全要素生产率增长的一个因素是经济增长理论家所称的知识资本的增长。

二、理论基础

（一）VAIC 法的提出

自从艾得文森和马龙（1997）以来，知识资本的话题已经被讨论了好多年，对于知识资本的定义仍然处于开放式的辩论阶段，也显示出这一概念是多么复杂。知识资本通常指的是以信息为基础或将信息结合起来的资源，或者更笼统地说，是指不使用物质资源而产生未来收入的生产过程。职工人数和专利、研发费用和广告费用都是无形资产，管理能力、声誉、工作关系、内部控制和组织文化是知识资本另外的表现形式。

随着技术的复杂性的增加和知识扮演的角色变得越来越重要，物质资源在生产过程中的贡献随着时间的推移不断减少（Nonaka & Takeuchi, 1995）。这使得公司越来越有可能从有效管理集成资本中获得比较优势。一些研究讨论了知识资本评估的主题以及无形资产对公司业绩的影响，其他学者提供了知识资本和其他典型的绩效测量框架之间的比较分析，如平衡计分卡（Mouritsen et al., 2004）。

在此基础上，帕布利克（2000）认为传统的绩效衡量方法（包括 EVA）不适用于知识经济环境下的绩效衡量。他声称，"工业经济的基本指标并没有真正显示出是否创造了价值以及创造了多少价值",因此,他提出在知识经济环境下,用增加值(VA)作为衡量绩效的指标。帕布利克从北欧的斯堪的亚导航器开始,在做出一个语义转变之后,从根本上修改了斯堪的亚导航器中使用的术语的含义,提出了VAIC法。

VAIC法主要关注3种资本的系数:一是人力资本(HC),用员工成本来衡量;二是结构资本(SC),等于企业产生的增加值与人力资本之间的差额;物质资本(CE),即区域可获得的金融资本的数量。

VAIC是3个系数比之和的结果,这3个系数比都是通过增加值与上述3种资本组合得到的:人力资本增值系数(HCE)=VA/HC;结构资本增值系数(SCE)=SC/VA=(VA−HC)/VA;物质资本增值系数(CEE)=VA/CECEE=VA/CE。

即使在一个有大量知识型员工的组织中,衡量他们的生产力也是一个问题。根据帕布利克(2008)的观点,为了解决这个问题,有必要确定一种方法,允许测量"智力工作效率类似于泰勒(Taylor)对体力工作所做的"。通过手工和智力工作之间的类比,可以帮助理解帕布利克提出的方法论。

利用知识提高人类劳动生产率是整个资本主义时代的特征。在任何一场技术革命中,科学和知识都是提高人类劳动生产率的主要因素,从而提高了新价值的数量。过去,利用知识来提高生产力主要集中在体力劳动上,目前,由于知识的发展首先关系到智力工作的生产力,所以存在着差异。那么,我们如何衡量作为软件开发人员的知识工作者的生产力呢?软件工程已经开发了一套指标来衡量软件开发人员的生产力,例如,单位时间内编写的代码行数。一般来说,每一种脑力劳动都有可能定义出生产力的指标。

对于学术研究人员的智力工作,也可以根据惯例构建指标来衡量他们的生产力。衡量每一种工作类型的生产率的一个经典指标,在公司的层面上,就是众所周知的劳动力成本上的增加值。帕布利克的想法是把这个指标也用在一个知识型员工的组织中。事实上,最新的科学革命是基于相同的机制,与知识工人有关,有助于提高劳动生产率的人力资源知识的开发,即劳动力成本的增加值。换句话来说,增加值对劳动力成本的影响是一个指标,即使在一个知识组织中,也能够报告人力资源知识在价值创造方面的影响。因此,帕布利克建议将VA作为衡量知识型员工价值创造的最合适的指标。

根据帕布利克的观点，VAIC 的增加标志着区域资源系数的提高，尤其是员工的知识，从而提高区域创造新经济价值的能力。在企业层面上，VAIC 模型假设的企业绩效和市场价值之间的关系激发了人们的广泛兴趣，这是因为 VAIC 模型易于处理这一事实。VAIC 的计算基于公开可得的会计信息（Tan et al., 2007）和审计的会计信息（Young et al., 2009），不需要一个基准进行比较（Laing et al., 2010），可以用于整个企业甚至单个业务单位的计算。

（二）VAIC 法的优势

帕布利克研究的主要目标是找到一个衡量知识型组织绩效的方法。和许多其他学者一样，帕布利克（2008）声称，在现代经济中，对知识的投资创造价值已成为主要的竞争战略。首先，为了给这类策略赋予操作意义，有必要界定知识的含义和价值创造对于知识型组织的意义。对于知识的含义，帕布利克没有提供明确的答案。那么，如果我们认为这不是一项容易的任务，也就不足为奇了，因为知识是一个具有多层含义的多面概念。

从帕布利克的一系列文献中可以看出，他的灵感来自被理解为行动能力的知识概念，其中行动旨在实践（即驾驶汽车的能力）和智力感知（即分析文本的能力）。许多学者都采用了这个知识的定义，包括斯威比，他是帕布利克提到的一位学者。斯威比（2001）解释说，他的定义源于第二控制论（控制论的控制论）的著作，特别是自创生理论（Autopoietic Epistemology）。事实上，在这个理论中，知识就是行动的能力，行动的能力就是知识，一切所做的就是知道，一切知道就是做。

这种知识的定义也被野中郁次郎和竹内弘高（1995）所采纳和完善，对他们来说，按照控制论的思想，行为被指定为一种为实现目标而最终完成的有意识的活动。知识实际上是"有理由的真实信念，它增加了个人采取有效行动的能力"。因此，有效行为，即达到目标的行为，是帕布利克所受知识概念启发的根本特征。对于企业来说，通过行为实现的目标是价值创造，因为只有创造价值的组织才能生存，是有效的。知识和价值创造的主题是如此紧密地联系在一起，以至于在现代经济中，对知识的投资是第一种竞争武器，即提高人类工作生产率和组织价值的杠杆。这就是帕布利克的贡献的起点。因此，我们面临的问题是找到一种工具来衡量与知识投资相关的价值创造。

VAIC法自第一次出现以来，就受到了知识资本学者的赞扬。一方面，它因计算方便而受到称赞，源自这样一个事实：增值的核心模型是基于数据来自股票市场和所有其他数据基本计算可以从公开的财务报表获得更可靠的来源。此外，VAIC法并不要求经理人采用企业外部的一个基准来评估企业类型的资本的效率，因为它是一个单纯的测度。另一方面，VAIC法在使用上是灵活的，因为它可以为整个企业、每个业务单元甚至特定的流程和活动进行计算。此外，帕布利克在很大程度上支持VAIC法与企业的财务和市场表现的关联，这也使得管理者能够基于VAIC法进行决策。

（三）VAIC法的缺陷

然而，尽管有这些优势，许多学者还是从理论的角度提出了对于VAIC的重要性和一致性的担忧，以及VAIC与企业财务和市场表现之间的关系。安德里森（2004）是最早对VAIC法提出批评的人之一。首先，他认为，VAIC法没有将支出与资产分开，因为劳动力支出包括可能产生未来利益的支出。其次，VAIC法将劳动费用视为股票（人力资本的价值），即使它们是流动的。再次，由于缺少因果联系，3个成分比率没有提供关于每种类型资本对价值创造贡献的信息。最后，VAIC法没有考虑这3种资本之间的协同效应。

有学者（Stahle et al., 2011）通过考虑增加值的计算方式（即作为营业利润、人员成本、折旧和摊销的总和）开始他们的分析，这反映了盈余管理政策和类似的决策。此外，他们强调，VAIC法并不能衡量知识资本，因为该模型依赖的纯财务数据不一定与知识资本相关联，因此将该模型的优点之一变成了一个弱点。最后，他们发现整个模型是基于劳动力和实物投资的，这导致了知识资本的薄弱度量。总之，他们的结论是VAIC法遭受概念模糊的困扰。

除了上面提到的批评意见，对VAIC法的其他批评主要在于其与公司财务绩效和市场价值的实证关联的结果。帕布利克提出的一些支持其模型的分析在统计学上是模糊的。实证分析得到了令人困惑的结果，因为在市场价值（以及其他财务指标，如资产回报率或股本回报率）和 VAIC 的两个组成部分人力资本效率和金融资本效率之间确实发现了积极的、有时显著的关联，然而，市场价值与 VAIC 整体以及与结构性资本效率的关联有时被发现是微弱或不显著的。最近一项针对 VAIC 实证分析的 68 篇论文的调查证实，结果往往是模棱两可的，特别是 SCE 的回归系数往往不显著（Marzo & Bonnini, 2018）。

为了克服这些问题，一些学者通过纳入关系资本、客户资本和创新资本对原有模型进行了扩展，或者修改了 VA 和 SCE 的计算方法（Nazari & Herremans, 2007; Vishnu & Kumar, 2014; Pietrantonio & Iazzolino, 2014; Ulum et al., 2014; Nimtrakoon, 2015; Nadeem et al., 2018; Bayraktaroglu et al., 2019; Singla, 2020）。然而，将经验意义归因于模型的斗争可能导致野蛮的经验主义，而不理解事情为什么和如何发生。如果没有一个一致的理论框架来明确相关变量之间的关系，实证有效性实际上是毫无意义的（Greenland et al., 2016）。VAIC 法对已建立的概念使用了新的、有时是误导性的定义，这可能产生混淆并导致误解。特别是 VAIC 法处理的不是知识资本，而是其价值创造的效率。帕布利克（2008）指出，VAIC 法的目标是"……提供关于知识资本绩效的必要信息，这是现代公司的致命弱点"，VAIC 法的核心是"焦点转移"，这一点并没有被研究人员普遍理解。的确，在 2013—2017 年间发表的 68 篇论文对实践性的 VAIC 公司的市场或财务业绩分析显示，有 38 篇论文（占 65.5%）使用 VAIC 法来衡量知识资本，而只有 17 篇（占 29.3%）正确地引用了它的知识资本效率测量（Marzo & Bonnini, 2018）。

参考知识资本和其他资源的效率测量证明了帕布利克的理念，特别是公司知识的高效利用，是公司最重要的目标。这就是为什么"……增加的价值与所使用的资源、资本、人力和结构资本有关，以便获得他们的价值创造效率"（Public, 2000）。此外，作为由知识资本和知识资本本身产生的价值，VA 的双重身份在模型中产生了一个模糊的循环，牺牲了结构的清晰度。以这种隐含的方式提出新的含义和概念不利于深入理解模型。而根据模型在分析中使用 VAIC 法的研究人员被警告说，如果对知识资本感兴趣，他们应该使用 VA 而不是 VAIC，否则，他们的重点应该转移到分析知识资本的效率上去。

三、对 VAIC 法的评价

(一) 对 VAIC 法的批评

针对 VAIC 法的批评主要有两个：有学者发现模型中的一些理论不一致，另一些学者报告了测试 VAIC 和企业之间关联分析的意外结果。例如，有学者提出，VAIC 法混淆了流量股票与资产费用，没有考虑到人力资本、结构资本和关系资本这 3 种资本之间的协同效应，也不支持与价值创造之间的任何因果联系 (Andriessen, 2004)。但也有学者 (Iazzolino & Laise, 2013) 不同意上述的一些评论，认为帕布利克是以自己的方式在使用一些术语，这与知识资本研究文献中的概念非常不同。也有学者强调了一些关于增加值计算的批评，以及 VAIC 与知识资本研究文献中一些统一概念的不一致性 (Stahle et al., 2011)。

VAIC 法的实证分析 (Stahle et al., 2011; Marzo & Bonnini, 2018) 产生了一些令人惊讶的结果，因为在市场价值以及其他一些财务指标 (如资产回报率和股本回报率) 和人力资本效率、金融资本系数之间通常存在正的、有时显著的关联，但并非总是如此。然而，与 VAIC 整体和与结构性资本系数的关联很弱或不显著。

为了获得更好的实证表现，一些研究人员试图通过对原始 VAIC 模型的修改或扩展来克服这些批评 (Nadeem et al., 2018; Bayraktaroglu et al., 2019; Singla, 2020)。然而，"相关性的斗争"导致研究人员在没有完全意识到 VAIC 模型缺陷的情况下修改原始模型或添加新的成分，这样做的风险是复制了帕布利克在 VAIC 法基础上的推理，因此在他们的新模型中产生了引起上述批评的相同问题。另一些人决定继续在他们的研究中使用 VAIC，同时只是提醒读者注意对该模型的批评，但不放弃其使用的优点，因此也不提供关于其利弊产生的净价值的有根据的评估 (Marzo, 2021)。

对 VAIC 模型的缺陷进行深入分析，可以澄清所有影响模型的不一致和模棱两可之处，以及它们对愿意依赖模型的知识资本研究人员和管理人员工作的影响以及 VAIC 法的理论可接受性。VAIC 模型的一个明显特征是，它将概念结构 (如知识资本系数、员工知识、人力和结构性资本) 与其变量牢牢地交织在一起，因此理论模型已经提供了它的可操作性。对于任何操作阶段，操作变量与理论结构的有效性或一致性是一个需要研究的问题。在 VAIC 模型中，衡量资本系数的 3 个变量有一个特定的特征：它们补充了构建的定义，而不是对它们进行操作。例如，结构资本效率的定义是由其操作变量提供的，而不是从概念的角度进行处理。因此，对结构清晰度的分析扩展到了模型中的变量。

我们对帕布利克以及对 VAIC 法的理论评论者、实证研究者进行了深入分析，以识别模型中使用的概念结构和提出的操作变量，并评估它们的清晰度和一致性。值得注意的是，定义一个结构清晰的元素之间的内部一致性，以及该结构和其他构成理论的元素之间的外部一致性，只能在"直觉"的基础上进行评估。这种直观的评估已经通过对帕布利克论文的深入分析和文献综述的发现尽可能明确。通过这种方式，对 VAIC 法的全面分析解决了许多可能阻碍学者和管理人员使用它的问题。同时，针对文献中突出的一些批评也需要重新调整。

（二）对 VAIC 法的支持

虽然 VAIC 模型有其自身的局限性，但将 VAIC 作为知识资本的指标应用于统计分析，主要是由于模型的输入数据是公开的（Andriessen, 2004）。收集和处理数据的程序越复杂，数据收集和处理本身成为目的的危险就越大。VAIC 是一种简化过程的结果，可以进行横向比较。菲雷和威廉姆斯（Firer & Williams, 2003）提到，许多已开发的知识资本测量模型都是定制的，以适应特定公司的情况，因此限制了可比性。此外，菲雷和威廉姆斯还认为，在 VAIC 计算中应用的所有数据都是基于审计信息，审计信息是客观和可验证的。

一些学者（Iazzolino & Laise, 2016; Iazzolino et al., 2019）认为帕布利克是以一种全新的方式使用了他的模型术语：HC 和 SC，并将这种新颖归因于文献中提出的一些误解。他们进一步探索了 HCE 和 SCE 之间的关系，确定了 VAIC 公式对于 HCE=0.618 产生了智力增值系数（ICE）的一个空值。此外，他们称赞 VAIC 模型提供了一种衡量方法，即 HCE，它与当今经济中创造力的重要性以及知识工作生产率的持续增长相一致。

(三)对 VAIC 法的解释

为了理解帕布利克文献中的 VAIC 及其构成,有必要回顾斯堪的亚导航器模型中对知识资本的分类,因为帕布利克的 VAIC 法是建立在斯堪的亚导航器模型的知识资本分类基础之上的(见图 4-1)。在图 4-1 中,术语人力资本(HC)指的是员工技能和能力的所有特征,即员工的个人能力和行为能力,而术语结构资本(SC)涵盖了无形资产的所有特征,即品牌、专利、流程、组织结构等。帕布利克使用的术语人力资本(HC)和结构资本(SC)与斯堪的亚导航器的含义完全不同。帕布利克始于斯堪的亚导航器模型,但在他做出了一个"语义转变"之后,从根本上修改了斯堪的亚导航器模型中使用的术语的含义。文献中关于 VAIC 法观点的争论大多源于这种意义上的混淆。

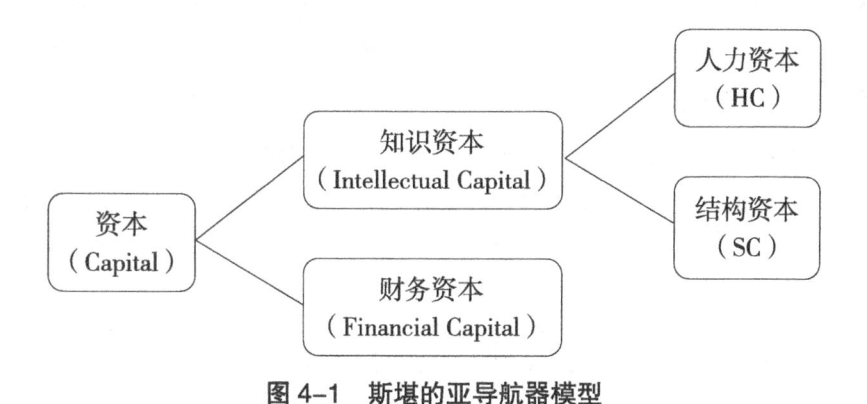

图 4-1 斯堪的亚导航器模型

首先,根据帕布利克的观点,知识资本不是不同资产的集合,而是一组知识工作者。他指出,"知识资本是那些有能力将知识转化为创造价值的产品和服务的员工的同义词"。因此,知识型员工的成本是对人力资本的一种投资:"今天,我们投资于员工,他们是当代经济的主要价值创造者"。现在,每次你进行投资时,都会出现回报是什么的问题。对于知识工作者来说,问题在于衡量他们的生产力,即衡量"智力工作效率"(Public,2008)。因此,如何衡量知识工作效率成为帕布利克主要关注的方法论问题。如前所述,帕布利克的建议是将 VA 作为智力劳动(知识工人)创造价值的指标。对帕布利克来说,衡量价值创造的操作工具是

"增值"损益表。事实上，如果正确解读，那么价值增加损益表是能够衡量知识投资的价值创造的，VA是指智力劳动力每单位时间创造的价值。因此，VA是一种存量实体，而不是出现在斯堪的亚导航器模型中的知识资本，不是一组无形资产（股票实体）。文献中的误解源于这样一个事实，即帕布利克使用与斯堪的亚导航器模型相同的术语，但含义不同。

其次，VAIC模型中的人力资本一词并不是像斯堪的亚导航器模型那样指员工所拥有的一组特征（如能力、技能等），而是指投资于知识型员工的资本数量（工资、薪水、培训等）。因此，术语结构资本（SC）也不是像斯堪的亚导航器模型那样指无形资产的一组特征，而是指结构资本持有人剩余获得的VA的份额（SC可以作为使人力资源产生VA的条件）。文献中提出的关于对帕布利克贡献的误解最有可能源于这种"语义歧义"的术语。然而，如果理解正确的话，帕布利克的观点也有其自身的逻辑连贯性。如果有人问："结构性资本在帕布利克的方法中的意义是什么？"答案很清楚：SC =VA/HC。结构资本（SC）是扣除人力资本（HC）投资后VA的份额。很明显，这不是斯堪的亚导航器模型中结构资本的含义。对帕布利克VAIC法的主要批评来自对术语知识资本、人力资本和结构资本的模糊性。

第二节 研究方法

一、研究假设

（一）区域知识资本直接影响的研究假设

区域生产总值和全要素生产增长率的增长速度主要取决于其人力资本水平，而不是人力资本的增长速度。由创新驱动的增长和由技术模仿驱动的追赶过程，依赖于以教育为基础的人力资本和相关知识的集聚。这解释了为什么教育提供了一种永久的优势，随着时间的推移，这种优势在劳动力市场上的重要性会不断增加。佩科拉（Piekkola，2005）考察了知识集聚在芬兰生产率增长中的作用，研究表明，以教育为基础的人力资本集聚解释了1995年以来芬兰国内生产总值和全要素生产率增长率的区域差异。高增长公司拥有高薪职业和无形资本，这些特征对于那些在生产率方面远远走在行业前沿的领先公司的持续增长至关重要。而在生产率较低的企业中，来自教育程度以外来源的知识资本也被发现对增长至关重要。

菲雷和威廉姆斯（2003）以南非上市公司为样本，研究了公司资本主要因素（物质资本、人力资本和结构资本）所增加的价值效率与公司绩效之间的关系。他们的研究结果表明，知识资本效率与公司绩效之间的关系是有限的和混合的，而实物资本仍然是南非企业业绩的主要来源。

陈等人（Chen et al.，2005）以我国台湾地区的企业为样本，发现知识资本对市场价值和财务绩效有积极影响。谢呈阳、胡汉辉、周海波（2015）运用卢卡斯模型进行空间扩展，在区域互动的视角下探讨人力资本与区域发展的关系。实证结果表明：劳动力在总人力资本越多的地区获得的收入越高；考虑到交易成本和外部性效应，经济水平高的相邻地区一直是劳动力流动的首选。基于空间计量经济学的实证研究表明，人力资本的跨区域效应不断增强，平均人力资本而非总人力资本是造成区域经济差距的主要原因。

哈耶克和斯泰斯卡尔（Hajek & Stejskal，2018）研究了化工企业研发合作对可持续发展企业溢出效应产生的影响，探讨了企业、大学和研发组织之间合作产生知识溢出的证据，并检验了内部/外部财政支持对这些效应的影响。研究结果表明，当企业从内部资源获取知识时，会导致创新能力和可持续绩效的提高，证实了内部支出会导致内部知识溢出的增加。

综合以上研究可以推及，区域知识资本的两个维度（区域人力资本和区域结构资本）和区域物质资本均对创新绩效有显著影响。据此，本研究提出如下假设。

H3-0：区域整体资本对区域创新绩效有显著影响。

H3-1：区域人力资本对区域创新绩效有显著影响。

H3-2：区域结构资本对区域创新绩效有显著影响。

H3-3：区域知识资本对区域创新绩效有显著影响。

H3-4：区域物质资本对区域创新绩效有显著影响。

（二）区域知识资本持续影响的研究假设

我们知道，知识的传播需要时间，有时甚至是相当长的一段时间。首先，有证据表明，一个地区的全要素生产率不仅依赖于其自身知识资本的直接影响，还依赖于其他地区知识资本的间接影响。其次，直接影响固然重要，但知识资本的激励效应更为重要。事实上，这两种类型的知识激励效应在规模上大致相同。

据此，本研究提出如下假设。

H4-0：区域整体资本对区域创新绩效有显著的持续影响。

H4-1：区域人力资本对区域创新绩效有显著的持续影响。

H4-2：区域结构资本对区域创新绩效有显著的持续影响。

H4-3：区域知识资本对区域创新绩效有显著的持续影响。

H4-4：区域物质资本对区域创新绩效有显著的持续影响。

二、模型建立

（一）主模型

本研究旨在探讨区域知识资本（包括区域人力资本和区域结构资本）和物质资本对区域创新绩效的直接影响及持续影响，建立的主模型有两个（模型1-0和模型2-0），模型1-0是作用机制模型检验直接影响，模型2-0是持续效应模型检验间接影响，即模型1-0检验H1-0假设（t年的区域知识资本对区域物质资本的影响），模型2-0检验H2-0假设（t年的区域知识资本对t+1年的区域物质资本的持续影响）。

模型1-0：$IPE_{(i,t)} = \beta_0 + \beta_1 HCE_{(i,t)} + \beta_2 SCE_{(i,t)} + \beta_3 CEE_{(i,t)} + \xi$

模型2-0：$IPE_{(i,t+1)} = \beta_0 + \beta_1 HCE_{(i,t)} + \beta_2 SCE_{(i,t)} + \beta_3 CEE_{(i,t)} + \xi$

（二）主模型1-0对应的子模型

主模型1-0对应的子模型有4个，分别检验t年的区域人力资本对t年的创新效率的直接影响，t年的区域结构资本对t年的创新效率的直接影响，t年的区域知识资本对 t 年的创新效率的直接影响，t 年的区域物质资本对 t 年的创新效率的直接影响。

模型 1-1：$IPE_{(i,t)} = \beta_0 + \beta_1 HCE_{(i,t)} + \xi$

模型 1-2：$IPE_{(i,t)} = \beta_0 + \beta_1 SCE_{(i,t)} + \xi$

模型 1-3：$IPE_{(i,t)} = \beta_0 + \beta_1 KCE_{(i,t)} + \xi$

模型 1-4：$IPE_{(i,t)} = \beta_0 + \beta_1 CEE_{(i,t)} + \xi$

（三）主模型 2-0 对应的子模型

主模型 2-0 对应的子模型有 4 个，分别检验 t 年的区域人力资本对 t+1 年的创新效率的持续影响，t 年的区域结构资本对 t+1 年的创新效率的持续影响，t 年的区域知识资本对 t+1 年的创新效率的持续影响，t 年的区域物质资本对 t+1 年的创新效率的持续影响。

模型 2-1：$IPE_{(i,t+1)} = \beta_0 + \beta_1 HCE_{(i,t)} + \xi$

模型 2-2：$IPE_{(i,t+1)} = \beta_0 + \beta_1 SCE_{(i,t)} + \xi$

模型 2-3：$IPE_{(i,t+1)} = \beta_0 + \beta_1 KCE_{(i,t)} + \xi$

模型 2-4：$IPE_{(i,t+1)} = \beta_0 + \beta_1 CEE_{(i,t)} + \xi$

在上述模型中，HCE、SCE、KCE、CEE 分别表示区域人力资本增值系数、区域结构资本增值系数、区域知识资本增值系数和区域物质资本增值系数 4 个自变量，其中 CEE 既是自变量也是控制变量；IPE 表示创新绩效系数；βn 为截距或系数；i 为 1~17，由于本研究采用的是云南省数据，所以 1 表示云南全省数据，2~17 表示云南省下辖的 16 个州市数据；t 表示时间，具体为 2008—2019 年；ξ 为残差项。

三、变量的定义与指标的选取

（一）区域知识资本

尽管对人力资本和结构资本的概念理解不同，但对无形资产、知识资本的二分法得到了更多人的认同。帕布利克据此提出了 VAIC 法，用于测量知识资本。这种测量方法既可以测量公司层面的知识资本，也可以测量区域、国家层面的知识资本。帕布利克（2008）将企业价值分为知识资本和物质资本两部分，又借鉴康拉德模式，将知识资本分为人力资本和结构资本两部分。

在帕布利克看来，增加值是衡量一个公司在知识经济环境下的成功程度和公司创造的价值的正确指标，它在效率比率公式中的使用并不令人惊讶。然而，结合人力资本和结构资本的定义，可以清楚地看出，增加的价值既是产生的价值，也是知识资本本身的价值。事实上，在艾得文森和马龙之后，帕布利克同样认为结构资本就是知识资本减去人力资本。由于人力资本用HC来衡量，结构资本用"VA—HC"来衡量，因此很容易得出"VA=IC"。

于是，帕布利克将知识资本定义为企业的增加值。当然，这个定义与知识资本研究的核心毫无关系。它是帕布利克试图将知识资本转化为货币价值而产生的一种操作性定义，是帕布利克用效果（其价值）替代原因（知识资本）的一种转喻形式。他创造了一个新的术语，作为其模型的核心概念，从而避免了相当大的误解。他的选择是有代价的，因为知识资本没有任何明确的概念化，加上对已建立的术语的含义的修改，在VAIC法的使用中产生了歧义，并引入了新的定义，而没有以理论论证为基础（Stahle et al., 2011）。

1. 人力资本及人力资本增值系数的计算

人力资本是对员工的所有投入，包括工资和薪金。人力资本的增值系数（HCE）计算方法如公式（1）所示。

$$HCE=VA/HC \quad 公式（1）$$

2. 结构资本及结构资本增值系数的计算

知识资本的第二部分是结构资本，这种形式的资本并不是独立于人力资本之外的。帕布利克（2000）解释说，结构资本依赖于已创造的价值增值，并且所占的比例大小与人力资本恰好相反，即人力资本在价值增值中所占的比例越大，结构资本所占的比例就越小。结构资本（SC）和结构资本的增值效率（SCE）计算方法如公式（2）和公式（3）所示。

$$SC=VA-HC \quad 公式（2）$$

$$SEC=SC/VA \quad 公式（3）$$

3. 知识资本及知识资本增值系数的计算

把人力资本增值系数与结构资本增值系数相加就可以得到知识资本增值系数（ICE），或称智力资本增值系数，如公式（4）所示。知识资本增值系数就是指现在知识工作和知识工作者的工作效率，类似于过去手工劳动和手工工作者的生产力效率。

$$ICE=HCE+SCE \quad 公式（4）$$

（二）区域物质资本及其增值效率的计算

尽管如德鲁克所言，知识以及知识资本已成为知识经济时代关键的、重要的资源而占据主导地位，但知识资本不能独立创造财富，需要与物质资本（包括实物资本与金融资本）结合起来。帕布利克（2004）认为，要对价值创造资源的效率有一个广泛的认识，重要的是要考虑到金融和物质资本。物质资本增值系数（CEE）的计算方法如公式（5）所示。

$$CEE=VA/CE \quad 公式（5）$$

物质资本用地方一般公共预算收入（Local Government Budgetary Revenue，LGBR）代替。地方一般公共预算收入是指按照一定的形式和程序，由地方各级财政部门组织并纳入地方财政一般预算管理的各项收入，主要包括国内增值税、企业所得税、个人所得税等税收收入和专项收入，以及行政事业性收费、国有资本经营收入等非税收入。

（三）整体价值增值创造效率的计算

最后，把两种知识资本与物质资本增值系数汇总起来就构成了整体价值增值系数 VAIC™，如公式（6）所示。

$$VAIC^{TM}=ICE+CEE=HCE+SCE+CEE \quad 公式（6）$$

VAIC 法测量的是一个公司或区域的整体效率，包括知识资本增值系数和物质资本增值系数，它可以用来测量每投资一单位货币资源所创造出来的新价值。VAIC™ 指数越高，一个公司的价值创造能力越强。

（四）区域创新绩效

1. 操作性定义

区域创新绩效通常被理解为一组由所有区域行动者、正式机构和其他组织共同或单独地对知识和技术的产生、使用、积累和扩散做出贡献的集合（Asheim & Gertler, 2005）。发明和创新在空间上并不均匀分布，而是倾向于聚集在某些地点（Moreno、Paci & Usai, 2005）。造成这一现象的可能原因包括地方投入的可用性和质量的区域差异，以及地理上有限的知识激励效应（Fritsch & Slavtchev, 2008）。另一个原因可能是区域创新系统的"质量"或"效率"不同，导致即使投入在数量和质量上都相同，创新产出水平也不同。然而，有关区域创新绩效差异的现有令人信服的经验证据很少，对于创新活动的有利或不利条件以及政策如何有助于改善区域创新绩效的功能，学者们仍然知之甚少，特别是对于如何评价区域创新绩效尚不明确。

尽管一些研究人员肯定知识是可以通过开发适当的框架来衡量的，但其他人则认为知识不能通过其无形和多面性的本质来衡量，认为它会阻碍任何测量技术（Huang et al., 2007）。相反，他们建议应该努力测量应用知识时的影响。他们注意到，大部分知识管理文献假设知识管理和改进的绩效之间存在因果关系，但事实上很少有研究在两者之间指出明确的相关性，即使那些根据经验得出知识管理确实能创造价值的人也无法量化这些价值。因此，知识测量研究的目的是测量知识管理对组织绩效的影响，这个领域的框架都是用于测量知识管理过程或其结果的表现。

过程绩效测量是一种"领先"测量，它监控知识管理计划的绩效，并对知识管理实施提供即时反馈，允许管理层"实时"采取行动。过程绩效测量的例子包括知识管理系统使用的信息统计和实践社团的数量统计，测量更多地面向基于IT的知识管理系统，并且假定使用知识管理系统的人越多，他们就会变得越有知识，这反过来会提高组织的绩效。但重要的知识管理系统失败率表明，这种简单的假设可能具有高度误导性（Khalifa et al., 2008）。一方面，过程测量只在提供员工参与知识管理活动的洞察方面有用，而不能在知识管理活动和企业绩效之间建立任何有形的联系。另一方面，产出绩效测量是"滞后的"指标，这一领域的研究将绩效管理与知识管理联系起来，其基本逻辑是对知识管理计划实施前后的表现进行比较，以检验其对组织的影响，因为主要的重点不是知识管理，而是决定如何评价绩效。知识管理绩效测评方法可以分为以下几类。

（1）定量方法。

经典的绩效测评方法使用量化财务指标来衡量绩效，如股价、盈利能力或从财务报表和年度报告中获取的投资回报。有学者（Chang et al., 2005）报告了知识管理过程与股价之间的实证相关性；佩特拉和安妮莉丝（Petra & Annelies, 2012）使用了705家比利时公司的财务数据，证明知识对财务绩效有"间接的积极影响"，这种影响超过了与知识相关的长期成本。定量方法也被用来衡量非财务指标，如周期时间或投诉数量的减少。这些方法因为不涉及人的意见，所以其优点是减少了主观性。然而，其建造的因果关系仍被批评为假设积极影响，如销售增加，特别是对于知识管理，一个假设是站不住脚的，因为它忽略了一系列外生因素，同时可能影响一个组织。

（2）定性方法。

许多知识管理研究使用诸如调查、问卷或访谈等定性方法来衡量绩效改进。知识管理绩效的评估是基于受访者的意见，并在很大程度上依赖于他们对知识管理改进及其组织的看法。这些定性研究提出的各种知识管理因素和过程对绩效的影响，采用了包括层次分析法、更一般的网络分析法、偏最小二乘法和结构方程建模等分析技术进行量化。最近，米尔斯和史密斯（Mills & Smith, 2011）调查了189名管理者，并使用同样的技术来评估具体的知识管理资源和绩效之间的联系。尽管偏于感性，但定性方法在这类研究中被广泛接受，因为它比定量方法提供了更强的知识管理和企业绩效之间的因果关系指标。然而，该方法也因依赖个人判断而受到批评，并伴随着主观和偏见的危险。

2. 测量指标选取及测量结果

本研究对区域创新绩效的理解与法雷尔（Farrell, 1957）提出的技术效率的概念一致。法雷尔认为，如果一个经济单位不能从一组给定的投入中产生可能的最大产出，那么它就是低效的。技术低效的原因可以是多方面的，包括各种管理不善，如不恰当的工作组织、不恰当的技术使用等。将这一定义应用于区域创新绩效的概念，意味着如果一个区域能够在一定数量的创新投入中产生可能的最大创新产出，那么该区域在技术上是高效的。相反，如果一个区域创新绩效的产出低于最大可能值，则认为它在技术上是低效的。

本研究采用 DEA（Data Envelopment Analysis，即数据包络分析）方法从研发投入产出角度对区域创新绩效的有效性进行测量，综合考虑指标选取的基本原则及 DEA 指标选取注意事项，在国内外学者研究的基础上，运用主成分分析法对指标体系进行相关性筛选与简化，选取投入指标 3 个（专利申请数量、R&D 内部支出和 R&D 全时当量）、产出指标 1 个（创新效率）共 4 个指标（见表 4-1），其测量结果如表 4-2 所示。

表 4-1 创新绩效指标的测量

指标类别	指标名称	指标说明
投入指标	专利申请数量	指在报告期内申请的国内专利行政部门授权且在有效期内的发明专利件数，反映技术开发活动的产出情况，是测度企业技术创新的主要指标
	R&D（内部支出）	指报告年度在科技活动经费内部支出中用于基础研究、应用研究和试验发展 3 类项目以及这 3 类项目的管理和服务费用等
	R&D（全时当量）	全时当量是国际上通用的、用于比较科技人力投入的指标。R&D（全时当量）指标体系中的专利授权数指国内职务专利授权数，专利授权数是创新活动中间产出的又一重要成果形式。该指标是反映研发活动的产出水平和效率的重要指标
产出指标	创新效率	指创新行为的投入产出比

表 4-2 创新效率

年份	发明专利申请数	R&D（内部支出）单位：元	R&D（全时当量）单位：人年	创新效率
2019	8996	2200452.40	57156.50	0.477
2018	9606	1872976.40	49666.70	0.306

续表

2017	7801	1577604.10	46575.70	0.185
2016	7907	1327616.00	41116.00	0.178
2015	6301	1093570.00	39535.00	0.198
2014	4732	859297.00	30523.00	0.287
2013	3961	798371.00	28483.00	0.393
2012	3324	687548.00	27817.00	0.566
2011	2796	560797.00	25092.00	0.627
2010	2333	441671.80	22551.50	0.762
2009	1637	372304.00	21110.00	0.643
2008	1474	309909.00	19754.00	0.481
2007	1014	258776.00	17819.00	0.367
2006	1005	209187.00	16027.00	0.411
2005	776	213233.00	14798.00	0.363
2004	740	125061.00	14695.00	0.793
2003	574	255774.00	12943.00	0.565
2002	448	97928.00	13938.00	0.395
2001	344	76982.00	11703.00	0.425
2000	341	67995.00	11114.00	0.412
最大值	9606	57156.50	2200452.40	0.793
最小值	341	67995.00	11114.00	0.178
平均值	3306	670352.64	26120.87	0.442

3. 持续影响的依据

本研究对创新产出的衡量是基于2000—2019年期间的专利申请数量、R&D内部支出和R&D全时当量（数据来自《中国科技统计年鉴》）。专利申请表明已经做出了扩展现有知识激励效应的发明，然而，使用专利申请数量作为创新产出的衡量标准有几个限制。首先，一项发明被授予专利，但该发明不一定能够转化为创新，即转化为新的产品或生产技术。其次，专利是针对产品，而不是工艺。最后，由于除了专利以外还有其他方式可以获得成功的研发活动的回报，专利数量可能会低估实际的创新产出。为了更好地解释区域创新绩效，本研究同时采用R&D内部支出和R&D全时当量两个变量。

当把知识投入与创新产出联系起来时，会存在一个时间差。主要是因为研发活动需要一定的时间才能产生专利，此外，专利申请在提交后的12~18个月内发布，这是专利局需要的时间，以验证申请是否满足授予专利的基本前提条件，并完成专利文档（Greif & Schmiedl，2002）。因此，有的学者假定创新投入和产出之间至少有两年的时滞。然而，由于关于区域创新的研发时滞的可靠数据在国内尚有待实证检验，同时，2000—2019年期间的研发产出与2001-2020年期间的创新投入或创新产出没有很大的波动，因此本研究对此没有做特殊处理。

综上所述，本研究所用的变量主要有价值增值（VA）、人力资本（HC）、结构资本（SC）、知识资本（IC）和物质资本（CE）5个指标，以及智力资本增值系数（VAIC）、人力资本增值系数（HCE）、结构资本增值系数（SCE）、知识资本（ICE）、物质资本增值系数（CEE），指标选择如表4-3所示。

表4-3 变量及指标选择

变量类型	变量名称	计算方法	指标选择说明
自变量	人力资本增值系数（HCE）	HCE=VA/HC	人力资本（HC）用区域职工总工资表示 价值增值（VA）用地区生产总值GDP表示 人力资本增值系数（HCE）等于价值增值（VA）与人力资本（HC）二者的比值
自变量	结构资本增值系数（SCE）	SCE=SC/VA	结构资本（SC）为价值增值（VA）与人力资本（HC）二者之差 结构资本增值系数（SCE）等于结构资本（SC）与价值增值（VA）的比值
自变量	知识资本增值系数（ICE）	ICE=HCE+SCE	知识资本增值系数（ICE）等于人力资本增值系数（HCE）与结构资本增值系数（SCE）之和
控制变量	物质资本增值系数（CEE）	CEE=VA/CE	物质资本（CE）用金融资本表示 物质资本增值系数（CEE）等于知识资本增值系数（ICE）与物质资本（CE）二者的比值
因变量	创新绩效系数（IPE）		

第三节 数据分析

我们所使用的数据来源于《云南统计年鉴》2007—2019年的全省数据，以及云南省下辖16个州市数据。数据分析使用SPSS 22.0和Eviews 9.0软件。

一、区域知识资本的描述统计分析

（一）区域知识资本增值状况分析

1. 区域知识资本平均值分析

表4-4说明了云南区域知识资本的现状。从2007年到2019年这13年间，云南省的人力资本增值系数（HCE）、结构资本增值系数（SCE）、知识资本增值系数（KCE）、物质资本增值系数（CEE）、整体资本增值系数（VAIC）的均值分别为7.472、0.864、8.337、0.118和8.455。这意味着，1元的人力资本、结构资本、物质资本分别给区域带来了7.472元、0.864元、0.118元的增值。

其中，云南省的人力资本增值系数最大（7.472），其次为结构资本增值系数（0.864）。人力资本增值系数不但高于结构资本增值系数，而且远远高于物质资本增值系数（0.118），这在一定程度上说明了知识、知识资本在知识时代的重要性。

表4-4 云南区域知识资本增值状况表

时间（年）	人力资本增值系数（HCE）	结构资本增值系数（SCE）	知识资本增值系数（KCE）	物质资本增值系数（CEE）	整体资本增值系数（VAIC）
2007	8.963	0.888	9.851	0.096	9.947
2008	8.800	0.886	9.687	0.102	9.789
2009	8.339	0.880	9.219	0.106	9.325
2010	8.559	0.883	9.443	0.113	9.555

续表

时间（年）	人力资本增值系数（HCE）	结构资本增值系数（SCE）	知识资本增值系数（KCE）	物质资本增值系数（CEE）	整体资本增值系数（VAIC）
2011	8.569	0.883	9.452	0.117	9.569
2012	8.280	0.879	9.159	0.121	9.280
2013	7.865	0.873	8.738	0.126	8.864
2014	8.127	0.877	9.004	0.121	9.125
2015	7.638	0.869	8.507	0.121	8.628
2016	7.167	0.860	8.027	0.111	8.138
2017	7.012	0.857	7.869	0.102	7.971
2018	7.146	0.860	8.006	0.096	8.101
2019	7.993	0.875	8.868	0.089	8.957
最大值	8.963	0.888	9.851	0.137	9.947
最小值	7.012	0.837	6.956	0.089	7.068
平均值	7.472	0.864	8.337	0.118	8.455

2. 云南区域知识资本历年变化情况分析

云南区域知识资本各变量在 2007—2019 年的变化情况，如图 4-2 所示。

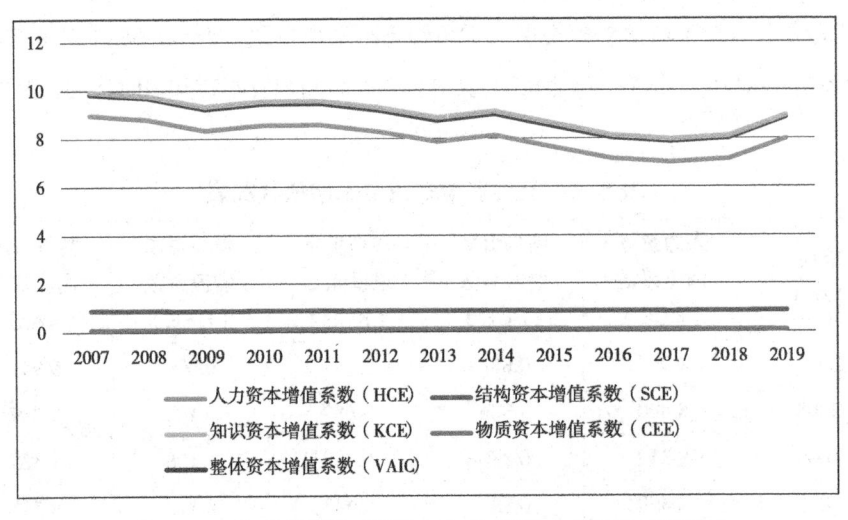

图 4-2　云南区域知识资本变化情况（2007—2019）

（1）人力资本增值系数变化分析。

人力资本增值系数2007年最高（8.963），2008年（8.800）以后逐年下降，到2017年达到最低点（7.012），2019年（7.993）有所回升，略高于平均值（7.472）。

如前所定义，这里的人力资本增值系数是全省增加值VA（即地区生产总值GDP）与人力资本（即全省职工工资总额）的比值，但由于职工工资总额的增长速度（15.83%）相对于地区生产总值的增长速度（11.39%）较快，因此导致虽然每年的地区生产总值GDP不断增加，人力资本增值系数却不断下降，如表4-5所示。

表4-5 地区生产总值与职工工资总额增长速度

时间（年）	地区生产总值（亿元）	地区生产总值增长率（%）	职工工资总额（亿元）	职工工资总额增长率（%）
2006	4090.66		458.617	
2007	5077.350	24.12	566.493	23.52
2008	6016.590	18.50	683.690	20.69
2009	6574.360	9.27	788.381	15.31
2010	7735.330	17.66	903.716	14.63
2011	9523.130	23.11	1111.378	22.98
2012	11097.390	16.53	1340.236	20.59
2013	12825.460	15.57	1630.670	21.67
2014	14041.650	9.48	1727.710	5.95
2015	14960.000	6.54	1958.700	13.37
2016	16369.000	9.42	2284.050	16.61
2017	18486.000	12.93	2636.420	15.43
2018	20880.630	12.95	2922.040	10.83
2019	23223.750	11.22	2905.610	-0.56
	地区生产总值平均增长率	11.39	职工工资总额平均增长率	15.83

需要注意的是，职工工资总额增长速度快只是相对于云南区域地区生产总值而言，如果与东部地区相比，云南省职工工资总额的绝对值及每位职工工资的平

均值并不是很高。云南省的人力资本增值系数为 7.472，也就是说 1 元的人力资本投资可以带来 7.472 元的地区生产总值的增加，即 1：7.472，这一比值也并不是很高。因此，一方面，从人力资本的绝对值上来说，云南省人力资本投资总额还不够，最基本的还没有达到临界值，即所谓"量变引起质变"；另一方面，从人力资本的平均值上来说，每单位人力资本的质量有待提升，今后在培训项目、培训内容、培训人员、培训次数的选择上，应该具有针对性，减少不必要的浪费。

（2）结构资本增值系数变化分析。

结构资本增值系数是结构资本与地区生产总值的比值。2007—2019 年云南区域结构资本的变化并不是很大，最大值是 0.888，最小值是 0.837，平均值是 0.864，最大值与最小值之差为 0.051，甚至可以说几乎没有变化，在拆线图中基本上是一条直线（见图 4-2）。为了清晰地观察云南区域结构资本增值系数的变化，我们又放大了比率，另外做了一张图（见图 4-3），但结构资本的变化情况依然不明显，因为结构资本的变化确实是微乎其微。这在一定程度上验证了帕布利克的观点（2008），即结构资本的增值系数非常小。

当然，有学者认为帕布利克的 VAIC 法中所谓结构资本并不是学者们公认的结构资本。员工知识在 VAIC 法中起着主要的作用，结构资本对帕布利克的意义与它在知识资本文献中的意义非常不同，因此，传统意义上理解的结构资本和关系资本在 VAIC 法中也缺失了，因为 SCE 是根据 HCE 概念化的，具有与 HCE 本质上相反的优势（Iazzolino & Laise, 2013）。事实上，帕布利克（2008）认为"商业成功取决于利用区域知识的能力和效率"，并且"每个区域的知识潜力由其所有员工代表"。然而，当员工离开时，只依赖员工的知识可能不利于区域的长期成功。这些考虑通常是分配给结构资本的作用的基础，结构资本支持人力资本，但又独立于人力资本（Bontis et al., 2000；Bontis & Fitz Enz, 2002），并继续处于公司的控制之下。因此，结构性资本可以用来操纵和提取人力资本。然而，在帕布利克的方法中，个人知识（即员工知识）和结构资本被视为对立的力量。

这些观点引出了对知识资本领域研究人员有用的暗示。首先，由于 VAIC 模型中不存在结构资本，研究人员如果对结构资本的作用分析感兴趣，就不应该依赖于结构资本增值系数。其次，结构资本增值系数只不过是人力资本增值系数的一个平衡，是 VAIC 模型中隐藏的非线性的一个来源，而它在实证分析中从未被考虑到。最后，研究人员经常认为帕布利克的结构资本指的是知识资本研究中概念化的结构资本，而它是一个难以把握的概念，因为它缺乏理论的一致性。

（3）物质资本增值系数变化分析

2007—2019 年云南区域物质资本增值系数的最大值为 0.137，最小值为 0.089，二者之差为 0.048。相对于结构资本增值系数而言，物质资本增值系数变化更大一些，如图 4-3 所示。

图 4-3 云南区域结构资本与物质资本变化情况（2007—2019）

（二）云南省 16 个州市 2007—2019 年平均知识资本增值状况分析

限于篇幅，本部分只对云南省下辖的 16 个州市 2007—2019 年人力资本、结构资本和物质资本增值情况进行分析。

1. 人力资本增值情况分析

2007—2019 年间，云南省下辖的保山、楚雄、德宏、大理、迪庆、红河、昆明、临沧、丽江、怒江、普洱、曲靖、文山、西双版纳、玉溪和昭通等 16 个州市的人力资本增值系数分别为 7.244、9.672、8.126、5.833、6.425、9.187、6.456、5.875、7.878、5.866、6.939、9.695、8.312、7.817、12.089 和 6.759，如表 4-6 所示。

人力资本增值系数平均值为 7.761，最大值是玉溪的 12.089，最小值为大理的5.833。云南省下辖16个州市人力资本增值系数排名为：玉溪（12.089），曲靖（9.695），楚雄（9.672），红河（9.187），文山（8.312），德宏（8.126），丽江（7.878），西双版纳（7.817），保山（7.244），普洱（6.939），昭通（6.759），昆明（6.456），迪庆（6.425），临沧（5.875），怒江（5.866），大理（5.833），如表4-7所示。

2. 结构资本增值情况分析

2007—2019年间，云南省下辖的保山、楚雄、德宏、大理、迪庆、红河、昆明、临沧、丽江、怒江、普洱、曲靖、文山、西双版纳、玉溪和昭通等16个州市的结构资本增值系数分别为0.859、0.895、0.874、0.827、0.841、0.887、0.841、0.828、0.871、0.827、0.853、0.892、0.877、0.869、0.869和0.849，如表4-6所示。

结构资本增值系数平均值为0.860，最大值是楚雄的0.895，最小值是怒江、大理的0.827。云南省下辖16个州市结构资本增值系数排名为：楚雄（0.895），曲靖（0.892），红河（0.887），文山（0.877），德宏（0.874），丽江（0.871），玉溪、西双版纳（0.869），保山（0.859），普洱（0.853），昭通（0.849），昆明（0.841），迪庆（0.841），临沧（0.828），怒江、大理（0.827），如表4-7所示。

3. 物质资本增值情况分析

2007—2019年间，云南省下辖的保山、楚雄、德宏、大理、迪庆、红河、昆明、临沧、丽江、怒江、普洱、曲靖、文山、西双版纳、玉溪和昭通等16个州市的物质资本增值系数分别为0.084、0.079、0.081、0.100、0.078、0.089、0.115、0.134、0.069、0.090、0.095、0.069、0.069、0.078、0.078、0.072，如表4-6所示。

物质资本增值系数平均值为0.086，最大值是临沧的0.134，最小值是丽江、曲靖、文山的0.069。云南省下辖16个州市物质资本增值系数排名为：临沧（0.134），昆明（0.115），大理（0.100），普洱（0.095），怒江（0.090），红河（0.089），保山（0.084），德宏（0.081），楚雄（0.079），玉溪、西双版纳、迪庆（0.078），昭通（0.072），曲靖、文山和丽江（0.069），如表4-7所示。

表 4-6　云南省 16 个州市 2007—2019 年平均知识资本增值状况

序号	州市	人力资本增值系数（HCE）	结构资本增值系数（SCE）	知识资本增值系数（KCE）	物质资本增值系数（CEE）	整体增值系数（VAIC）
1	保山	7.244	0.859	8.103	0.084	8.187
2	楚雄	9.672	0.895	10.567	0.079	10.646
3	德宏	8.126	0.874	9.000	0.081	9.082
4	大理	5.833	0.827	6.660	0.100	6.760
5	迪庆	6.425	0.841	7.265	0.078	7.344
6	红河	9.187	0.887	10.074	0.089	10.163
7	昆明	6.456	0.841	7.296	0.115	7.412
8	临沧	5.875	0.828	6.703	0.134	6.837
9	丽江	7.878	0.871	8.749	0.069	8.818
10	怒江	5.866	0.827	6.693	0.090	6.783
11	普洱	6.939	0.853	7.792	0.095	7.887
12	曲靖	9.695	0.892	10.587	0.069	10.656
13	文山	8.312	0.877	9.189	0.069	9.258
14	西双版纳	7.817	0.869	8.686	0.078	8.764
15	玉溪	12.089	0.869	8.686	0.078	8.764
16	昭通	6.759	0.849	7.608	0.072	7.680
最大值		12.089	0.895	10.587	0.134	10.656
最小值		5.833	0.827	6.66	0.069	6.760
平均值		7.761	0.860	8.354	0.086	8.440

表 4-7　云南省 16 个州市全部资本增值系数排名

排名	人力资本增值系数（HCE）		结构资本增值系数（SCE）		知识资本增值系数（KCE）		物质资本增值系数（CEE）		全部资本增值系数（VAIC）	
1	玉溪	12.089	楚雄	0.895	曲靖	10.587	临沧	0.134	曲靖	10.656
2	曲靖	9.695	曲靖	0.892	楚雄	10.567	昆明	0.115	楚雄	10.646
3	楚雄	9.672	红河	0.887	红河	10.074	大理	0.100	红河	10.163

续表

排名	人力资本增值系数（HCE）		结构资本增值系数（SCE）		知识资本增值系数（KCE）		物质资本增值系数（CEE）		全部资本增值系数（VAIC）	
4	红河	9.187	文山	0.877	文山	9.189	普洱	0.095	文山	9.258
5	文山	8.312	德宏	0.874	德宏	9.000	怒江	0.090	德宏	9.082
6	德宏	8.126	丽江	0.871	丽江	8.749	红河	0.089	丽江	8.818
7	丽江	7.878	玉溪	0.869	玉溪	8.686	保山	0.084	玉溪	8.764
8	西双版纳	7.817	西双版纳	0.869	西双版纳	8.686	德宏	0.081	西双版纳	8.764
9	保山	7.244	保山	0.859	保山	8.103	楚雄	0.079	保山	8.187
10	普洱	6.939	普洱	0.853	普洱	7.792	玉溪	0.078	普洱	7.887
11	昭通	6.759	昭通	0.849	昭通	7.608	西双版纳	0.078	昭通	7.680
12	昆明	6.456	昆明	0.841	昆明	7.296	迪庆	0.078	昆明	7.412
13	迪庆	6.425	迪庆	0.841	迪庆	7.265	昭通	0.072	迪庆	7.344
14	临沧	5.875	临沧	0.828	临沧	6.703	曲靖	0.069	临沧	6.837
15	怒江	5.866	怒江	0.827	怒江	6.693	文山	0.069	怒江	6.783
16	大理	5.833	大理	0.827	大理	6.660	丽江	0.069	大理	6.760

二、区域知识资本模型各变量相关分析

在表4-8中，正如预期的那样，我们看到了各种资本因素之间的相对高度关联。例如，人力资本增值系数（HCE）与结构资本增值系数（SCE）、知识资本增值系数（KCE）、物质资本增值系数（CEE）、整体资本增值系数（VAIC）和创新绩效系数（IPE）之间均在 $p=0.01$ 的水平上显著相关。我们将其归因于一个事实：知识资本整合了组织文化、知识、创新以及与学习和更新相关的组织机制的复杂组合，这些通常是密不可分的。

唯一感到意外的是物质资本增值系数（CEE）与创新绩效系数（IPE）二者之间相关但不显著，这与样本量有很大关系。此外，其他各变量之间也均在 $p<0.01$ 的水平上显著相关。

表 4-8 变量相关性分析

		HCE	SCE	KCE	CEE	VAIC	IPE
HCE	Pearson 相关系数 显著性（双尾）	1	0.918** 0.000	1.000** 0.000	−0.340** 0.000	1.000** 0.000	0.206** 0.002
SCE	Pearson 相关系数 显著性（双尾）		1	0.921** 0.000	−.325** 0.000	0.920** 0.000	0.280** 0.000
KCE	Pearson 相关系数 显著性（双尾）			1	−0.340** 0.000	1.000** 0.000	0.207** 0.002
CEE	Pearson 相关系数 显著性（双尾）				1	−0.330** 0.000	−0.054 0.424
VAIC	Pearson 相关系数 显著性（双尾）					1	0.207** 0.002
IPE	Pearson 相关系数 显著性（双尾）						1

注：*表示相关性在 0.05 的水平上显著；**表示相关性在 0.01 的水平上显著。

三、区域知识资本对区域创新绩效的直接影响分析

（一）模型 1-0 的直接影响分析

经 Eviews 软件运行分析可以看出，模型 1-0 调整后的 R^2（Adjusted R-squared）为 0.2793，F 检验（F-statistic）在 $p < 0.001$ 的水平上显著，说明回归模型成立。由此研究假设 H3-0 得到验证，即区域人力资本、区域结构资本和区域物质资本对创新绩效有显著影响。表 4-9 为模型 1-0 摘要的标准化系数回归结果，表 4-10 为模型 1-0 摘要的非标准化系数回归结果。

值得说明的是，回归出来显著且系数为负，可以解释为自变量发展水平不足，需要继续发展完善。标准化指的是因变量和自变量都进行标准化然后进行回归得到的回归系数，而不是说回归系数标准化了。因此，回归系数可以大于 1 或者小于 −1，关键要看回归诊断的结果如何，进而判断回归是否合适（Yifei，2000）。

表 4-9　模型 1-0 摘要（标准化系数）

变量	系数	标准误差	t 值	显著性
HCE	−0.0252	0.0203	−1.2433	0.2151
SCE	1.4115	0.2450	5.7617	0.0000
CEE	−8.4849	1.2304	−6.8959	0.0000
R-squared	0.2858	Mean dependent var		0.4208
Adjusted R-squared	0.2793	S.D.dependent var		0.1834
S.E.of regression	0.1557	Akaike info criterion		−0.8687
Sum squared resid	5.2828	Schwarz criterion		−0.8225
Log likelihood	98.9883	Hannan-Quinn criter.		−0.8500
Durbin-Watson stat	0.7342			

表 4-10　模型 1-0 摘要（非标准化系数）

变量	系数	标准误差	t 值	显著性
C	−15.8790	1.8285	−8.6842	0.0000
HCE	−0.6246	0.0712	−8.7715	0.0000
SCE	24.5296	2.6705	9.1855	0.0000
CEE	−4.3230	1.1655	−3.7092	0.0003
R-squared	0.4700	Mean dependent var		0.4208
Adjusted R-squared	0.4627	S.D.dependent var		0.1834
S.E.of regression	0.1344	Akaike info criterion		−1.1579
Sum squared resid	3.9204	Schwarz criterion		−1.0964
Log likelihood	131.9481	Hannan-Quinn criter.		−1.1331
F-statistic	64.1458	Durbin-Watson stat		1.2148
Prob（F-statistic）	0.0000			

（二）模型 1-1 的直接影响分析

经 Eviews 软件运行分析可以看出，模型 1-1 调整后的 R^2（Adjusted R-squared）为 0.1290，F 检验（F-statistic）在 $p < 0.001$ 的水平上显著，说明回

归模型成立。由此研究假设 H3-1 得到验证,即区域人力资本对创新绩效有显著影响。表 4-11 为模型 1-1 摘要的标准化系数回归结果,表 4-12 为模型 1-1 摘要的非标准化系数回归结果。

表 4-11　模型 1-1 摘要(标准化系数)

变量	系数	标准误差	t 值	显著性
HCE	0.0624	0.0017	36.9949	0.0000
R-squared	0.1290	Mean dependent var		0.4208
Adjusted R-squared	0.1290	S.D.dependent var		0.1834
S.E.of regression	0.1711	Akaike info criterion		−0.6883
Sum squared resid	6.4429	Schwarz criterion		−0.6729
Log likelihood	77.0521	Hannan-Quinn criter.		−0.6820
Durbin-Watson stat	0.4795			

表 4-12　模型 1-1 摘要(非标准化系数)

变量	系数	标准误差	t 值	显著性
C	−0.0756	0.0868	−0.8712	0.3846
HCE	0.0734	0.0127	5.7707	0.0000
R-squared	0.1320	Mean dependent var		0.4208
Adjusted R-squared	0.1280	S.D.dependent var		0.1834
S.E.of regression	0.1712	Akaike info criterion		−0.6827
Sum squared resid	6.4207	Schwarz criterion		−0.6519
Log likelihood	77.4344	Hannan-Quinn criter.		−0.6702
F-statistic	33.3007	Durbin-Watson stat		0.4976
Prob(F-statistic)	0.0000			

(三)模型 1-2 的直接影响分析

经 Eviews 软件运行分析可以看出,模型 1-2 调整后的 R^2(Adjusted R-squared)为 0.0549,F 检验(F-statistic)在 $p < 0.001$ 的水平上显著,说明回归模型成立。由此研究假设 H3-2 得到验证,即区域结构资本对创新绩效有显著影响。表 4-13 为模型 1-2 摘要的标准化系数回归结果,表 4-14 为模型 1-2 摘要的

非标准化系数回归结果。

表4-13 模型1-2摘要（标准化系数）

变量	系数	标准误差	t值	显著性
SCE	0.4978	0.0141	35.2722	0.0000
R-squared	0.0549	Mean dependent var		0.4208
Adjusted R-squared	0.0549	S.D.dependent var		0.1834
S.E.of regression	0.1783	Akaike info criterion		−0.6067
Sum squared resid	6.9907	Schwarz criterion		−0.5913
Log likelihood	68.0349	Hannan-Quinn criter.		−0.6004
Durbin-Watson stat	0.4241			

表4-14 模型1-2摘要（非标准化系数）

变量	系数	标准误差	t值	显著性
C	−2.3149	0.3782	−6.1210	0.0000
SCE	3.2213	0.4451	7.2368	0.0000
R-squared	0.1930	Mean dependent var		0.4208
Adjusted R-squared	0.1893	S.D.dependent var		0.1834
S.E.of regression	0.1651	Akaike info criterion		−0.7555
Sum squared resid	5.9695	Schwarz criterion		−0.7248
Log likelihood	85.4860	Hannan-Quinn criter.		−0.7431
F-statistic	52.3710	Durbin-Watson stat		0.5270
Prob（F-statistic）	0.0000			

（四）模型1-3的直接影响分析

经Eviews软件运行分析可以看出，模型1-3调整后的R^2（Adjusted R-squared）为0.1256，F检验（F-statistic）在$p<0.001$的水平上显著，说明回归模型成立。由此研究假设H3-3得到验证，即区域知识资本对创新绩效有显著影响。表4-15为模型1-3摘要的标准化系数回归结果，表4-16为模型1-3摘要的非标准化系数回归结果。

表4-15　模型1-3摘要（标准化系数）

变量	系数	标准误差	t值	显著性
KCE	0.0555	0.0015	36.9123	0.0000
R-squared	0.1256	Mean dependent var		0.4208
Adjusted R-squared	0.1256	S.D.dependent var		0.1834
S.E.of regression	0.1715	Akaike info criterion		−0.6844
Sum squared resid	6.4678	Schwarz criterion		−0.6690
Log likelihood	76.6267	Hannan-Quinn criter.		−0.6782
Durbin-Watson stat	0.4715			

表4-16　模型1-3摘要（非标准化系数）

变量	系数	标准误差	t值	显著性
C	−0.1246	0.0950	−1.3113	0.1911
KCE	0.0717	0.0124	5.7818	0.0000
R-squared	0.1324	Mean dependent var		0.4208
Adjusted R-squared	0.1285	S.D.dependent var		0.1834
S.E.of regression	0.1712	Akaike info criterion		−1.1579
Sum squared resid	6.4174	Schwarz criterion		−1.0964
Log likelihood	77.4909	Hannan-Quinn criter.		−1.1331
F-statistic	33.4298	Durbin-Watson stat		1.2148
Prob（F-statistic）	0.0000			

（五）模型1-4的直接影响分析

经Eviews软件运行分析可以看出，模型1-4调整后的R^2（Adjusted R-squared）为−0.4298，F检验（F-statistic）在$p < 0.001$的水平上显著，说明回归模型成立。由此研究假设H3-4得到验证，即区域物质资本对创新绩效有显著影响。表4-17为模型1-4摘要的标准化系数回归结果，表4-18为模型1-0摘要的非标准化系数回归结果。

表4-17 模型1-4摘要（标准化系数）

变量	系数	标准误差	t值	显著性
CEE	5.5806	0.2041	27.3452	0.0000
R-squared	−0.4298	Mean dependent var		0.4208
Adjusted R-squared	−0.4298	S.D.dependent var		0.1834
S.E.of regression	0.2193	Akaike info criterion		−0.1926
Sum squared resid	10.5764	Schwarz criterion		−0.1772
Log likelihood	22.2840	Hannan–Quinn criter.		−0.1864
Durbin–Watson stat	0.3538			

表4-18 模型1-4摘要（非标准化系数）

变量	系数	标准误差	t值	显著性
C	1.0684	0.0750	14.2460	0.0000
CEE	−9.0528	1.0377	−8.7238	0.0000
R-squared	0.2579	Mean dependent var		0.4208
Adjusted R-squared	0.2545	S.D.dependent var		0.1834
S.E.of regression	0.1583	Akaike info criterion		−0.8394
Sum squared resid	5.4894	Schwarz criterion		−0.8086
Log likelihood	94.7510	Hannan–Quinn criter.		−0.8270
F-statistic	76.1053	Durbin–Watson stat		0.7255
Prob（F-statistic）	0.0000			

四、区域知识资本对区域创新绩效的持续影响分析

（一）模型2-0的持续影响分析

经Eviews软件运行分析可以看出，模型2-0调整后的R^2（Adjusted R-squared）为0.483，F检验（F-statistic）在$p<0.001$的水平上显著，说明回归模型成立。由此研究假设H4-0得到验证，即区域人力资本、区域结构资本和区域物质资本对创新绩效有显著的持续影响。表4-19为模型2-0摘要的标准化系数回归结果，表4-20为模型2-0摘要的非标准化系数回归结果。

表 4-19　模型 2-0 摘要（标准化系数）

变量	系数	标准误差	t 值	显著性
HCE	-0.211	0.020	-10.635	0.000
SCE	3.892	0.265	14.660	0.000
CEE	-20.073	1.457	-13.776	0.000
R-squared	0.489	Mean dependent var		0.425
Adjusted R-squared	0.483	S.D.dependent var		0.190
S.E.of regression	0.137	Akaike info criterion		-1.127
Sum squared resid	3.756	Schwarz criterion		-1.079
Log likelihood	117.996	Hannan-Quinn criter.		-1.108
Durbin-Watson stat	1.096			

表 4-20　模型 2-0 摘要（非标准化系数）

变量	系数	标准误差	t 值	显著性
C	7.089	2.018	3.512	0.001
HCE	0.035	0.073	0.484	0.629
SCE	-6.233	2.894	-2.153	0.033
CEE	-22.271	1.550	-14.371	0.000
R-squared	0.518	Mean dependent var		0.425
Adjusted R-squared	0.511	S.D.dependent var		0.190
S.E.of regression	0.133	Akaike info criterion		-1.177
Sum squared resid	3.538	Schwarz criterion		-1.112
Log likelihood	124.100	Hannan-Quinn criter.		-1.151
F-statistic	71.709	Durbin-Watson stat		1.066
Prob（F-statistic）	0.000			

（二）模型 2-1 的直接影响分析

经 Eviews 软件运行分析可以看出，模型 1-2 调整后的 R^2（Adjusted R-squared）为 -0.060，F 检验（F-statistic）在 $p < 0.001$ 的水平上显著，说明回

归模型成立。由此研究假设 H4-1 得到验证，即区域人力资本对创新绩效有显著的持续影响。表 4-21 为模型 2-1 摘要的标准化系数回归结果，表 4-22 为模型 2-1 摘要的非标准化系数回归结果。

表 4-21 模型 2-1 摘要（标准化系数）

变量	系数	标准误差	t 值	显著性
HCE	0.062	0.002	30.836	0.000
R-squared	−0.060	Mean dependent var		0.425
Adjusted R-squared	−0.060	S.D.dependent var		0.190
S.E.of regression	0.196	Akaike info criterion		−0.419
Sum squared resid	7.782	Schwarz criterion		−0.402
Log likelihood	43.698	Hannan–Quinn criter.		−0.412
Durbin–Watson stat	0.541			

表 4-22 模型 2-1 摘要（非标准化系数）

变量	系数	标准误差	t 值	显著性
C	0.348	0.097	3.570	0.000
HCE	0.011	0.014	0.804	0.422
R-squared	0.003	Mean dependent var		0.425
Adjusted R-squared	−0.002	S.D.dependent var		0.190
S.E.of regression	0.190	Akaike info criterion		−0.470
Sum squared resid	7.320	Schwarz criterion		−0.437
Log likelihood	49.938	Hannan–Quinn criter.		−0.457
F-statistic	0.647	Durbin–Watson stat		0.420
Prob（F-statistic）	0.422			

（三）模型 2-2 的持续影响分析

经 Eviews 软件运行分析可以看出，模型 2-2 调整后的 R2（Adjusted R-squared）为 0.005，F 检验（F-statistic）在 $p<0.001$ 的水平上显著，说明回归

模型成立。由此研究假设 H4-2 得到验证，即区域结构资本对创新绩效有显著的持续影响。表 4-23 为模型 2-2 摘要的标准化系数回归结果，表 4-24 为模型 2-2 摘要的非标准化系数回归结果。

表 4-23　模型 2-2 摘要（标准化系数）

变量	系数	标准误差	t 值	显著性
SCE	0.501	0.016	32.038	0.000
R-squared	0.005	Mean dependent var		0.425
Adjusted R-squared	0.005	S.D.dependent var		0.190
S.E.of regression	0.190	Akaike info criterion		−0.482
Sum squared resid	7.304	Schwarz criterion		−0.466
Log likelihood	50.169	Hannan-Quinn criter.		−0.475
Durbin-Watson stat	0.423			

表 4-24　模型 2-2 摘要（非标准化系数）

变量	系数	标准误差	t 值	显著性
C	−0.067	0.464	−0.145	0.885
SCE	0.580	0.547	1.061	0.290
R-squared	0.006	Mean dependent var		0.425
Adjusted R-squared	0.001	S.D.dependent var		0.190
S.E.of regression	0.190	Akaike info criterion		−0.472
Sum squared resid	7.303	Schwarz criterion		−0.440
Log likelihood	50.179	Hannan-Quinn criter.		−0.459
F-statistic	1.125	Durbin-Watson stat		0.428
Prob（F-statistic）	0.290			

（四）模型 2-3 的持续影响分析

经 Eviews 软件运行分析可以看出，模型 2-3 调整后的 R^2（Adjusted R-squared）为 −0.047，F 检验（F-statistic）在 $p < 0.001$ 的水平上显著，说明回

归模型成立。由此研究假设 H4-3 得到验证，即区域知识资本对创新绩效有显著的持续影响。表 4-25 为模型 2-3 摘要的标准化系数回归结果，表 4-26 为模型 2-3 摘要的非标准化系数回归结果。

表 4-25　模型 2-3 摘要（标准化系数）

变量	系数	标准误差	t 值	显著性
KCE	0.055	0.002	31.066	0.000
R-squared	−0.047	Mean dependent var		0.425
Adjusted R-squared	−0.047	S.D.dependent var		0.190
S.E.of regression	0.195	Akaike info criterion		−0.431
Sum squared resid	7.688	Schwarz criterion		−0.415
Log likelihood	44.946	Hannan-Quinn criter.		−0.424
Durbin-Watson stat	0.530			

表 4-26　模型 2-3 摘要（非标准化系数）

变量	系数	标准误差	t 值	显著性
C	0.340	0.107	3.184	0.002
KCE	0.011	0.014	0.809	0.420
R-squared	0.1324	Mean dependent var		0.425
Adjusted R-squared	0.1285	S.D.dependent var		0.190
S.E.of regression	0.1712	Akaike info criterion		−0.470
Sum squared resid	6.4174	Schwarz criterion		−0.437
Log likelihood	77.4909	Hannan-Quinn criter.		−0.457
F-statistic	33.4298	Durbin-Watson stat		0.420
Prob（F-statistic）	0.0000			

（五）模型 2-4 的持续影响分析

经 Eviews 软件运行分析可以看出，模型 2-4 调整后的 R^2（Adjusted R-squared）为 −0.361，F 检验（F-statistic）在 $p < 0.001$ 的水平上显著，说明回

归模型成立。由此研究假设 H4-4 得到验证，即区域物质资本对创新绩效有显著的持续影响。表 4-27 为模型 2-4 的摘要标准化系数回归结果，表 4-28 为模型 2-4 摘要的非标准化系数回归结果。

表 4-27 模型 2-4 摘要（标准化系数）

变量	系数	标准误差	t 值	显著性
CEE	5.631	0.214	26.366	0.000
R-squared	−0.361	Mean dependent var		0.425
Adjusted R-squared	−0.361	S.D.dependent var		0.190
S.E.of regression	0.222	Akaike info criterion		−0.168
Sum squared resid	9.998	Schwarz criterion		−0.152
Log likelihood	18.145	Hannan-Quinn criter.		−0.162
Durbin-Watson stat	0.257			

表 4-28 模型 2-4 摘要（非标准化系数）

变量	系数	标准误差	t 值	显著性
C	1.327	0.094	14.195	0.000
CEE	−12.487	1.285	−9.715	0.000
R-squared	0.318	Mean dependent var		0.425
Adjusted R-squared	0.315	S.D.dependent var		0.190
S.E.of regression	0.157	Akaike info criterion		−0.850
Sum squared resid	5.005	Schwarz criterion		−0.818
Log likelihood	88.718	Hannan-Quinn criter.		−0.837
F-statistic	94.385	Durbin-Watson stat		0.843
Prob（F-statistic）	0.000			

五、讨论与结论

(一) 讨论

1. "失踪"的关系资本

文献中已有许多关于知识资本的定义和实践,一般而言,知识资本被分解为3个组成部分——人力资本、结构资本和关系资本(Bontis et al.,2000),尽管在这3个术语中存在一些歧义(Kaufmann & Schneider,2004)。相反,VAIC法只考虑人力和结构资本,后者在概念上不同于知识资本传统的核心结构(Iazzolino & Laise,2013)。

增值是VAIC法的核心,因为"增值表明区域在创造财富方面的力量"(Public,2008)。然而,专注于增值并非没有后果。实际上,增加价值反映了区域内部和外部之间的巨大鸿沟,因此间接反映了关系资本,这种资本影响销售和外部成本,而关系资本是与人力资本效率分析中的人力资本、结构资本效率分析中的结构资本、物质资本效率分析中的物质资本是紧密交织在一起的。总而言之,所有组成VAIC模型的比率都比帕布利克所概括的有更广泛的意义,事实上,它们中没有一个可以用来关注某一特定形式的资本的效率。

一些作者试图重新定义关系资本或客户资本的作用,通过将结构资本增值系数(SCE)分解为几个组成部分,其中一个是关系资本(Anoifowose et al.,2018),或通过在SCE的相同水平上添加一个新的比例(Ulum et al.,2014;Pietrantonio & Iazzolino,2014;Bayraktaroglu et al.,2019)。然而,没有一个作者考虑到关系对已经包含在附加值中的引进成本的影响。

因此,研究人员应该考虑到,帕布利克提出的模型没有明确考虑关系资本,即使它暗中影响了收入和引进成本的价值(即VA的两个组成部分),而只是继承了结构资本增值系数(SCE)在模型中与人力资本资本增值系数(HCE)相同的角色,或者如果没有在模型中引入关系资本的比率,则他们的分析可能不完整。

2. 理论模型的可接受性

关于哪种标准最适合评估一个理论或理论模型的可接受性,存在着广泛而长期的争论。在一般的术语中,理论可以被定义为变量构造之间关系的陈述。因为构念是现象的概念抽象，不能直接观察到，因此，当理论经过经验检验时，就会出现操作阶段。数据本身不是理论，也不是变量列表或构念，相反，理论是关于为什么数据所涉及的经验模式被观察到或预期被观察到的。因此，依赖于实证检验的意义并不能产生好的理论。事实上，理论是关于事情发生的原因和方式，而使用经验检验，即使重要，作为理论的替代也是野蛮的经验主义。

理论模型不是简单的假设陈述。理论是一个系统的结构和变量操作结构，通过命题和假设将它们联系起来。构念是不能被观察到的术语，而变量是能够假设两个或更多值的可观察实体，因此，变量是结构的操作转换。理论的主要目标是组织概念，回答"如何""何时"和"为什么"的问题，并传达这些答案。结构的清晰是至关重要的，它们之间的相互关系的适当性是最基本的。清晰性包括4个要素：定义、范围条件、与其他结构的语义关系、一致性或逻辑一致性。

一个好的定义应该抓住所研究现象的本质特征，避免重复或循环（Priem et al.，2008）。然而，要获得一个清晰的结构定义并不容易，因为即使是最常用的结构也包含一个复杂的内部语法（Suddaby，2010），这可能会在解释中产生歧义。

范围条件是指理论所受限制的空间、时间和价值条件。构念可以应用于不同类型的组织或不同层次的分析，此外，构念可能具有历史有效性，而时间的变化会阻碍构念的有效性。

构念受到价值观（即研究者的世界观）的约束，通过展示一个新结构的历史沿系，从而将其定位于一个已经存在的结构的领域，可以促进与其他结构的语义关系。即使是全新的构念也与其他旧的构念相互关联，因此，它们是"语义网络"的结果，通过使这个网络明确和明显，可以提高结构的清晰度。

定义、作用域条件和语义关系必须一致。一致性是"对一个现象的各种属性是否充分包含在一个结构中的直观评估"，它对理论化至关重要（Suddaby，2010）。正确的构念在内部（指它们的定义、范围条件和语义关系之间的一致性）和在外部（指它们与属于同一理论的其他构念之间的关系）都能获得一致性，因此它对于好的理论来说是必要的，而一个好的理论对于达到正确的构念也是必要的。

本研究借鉴了理论结构及其清晰性的4个要素，对VAIC模型进行了深入分析，包括定义之间的一致性和结构之间的关系。为简单起见，本研究不涉及空间条件。事实上，VAIC 模型被建议独立于任何空间条件，如行业和企业规模。

在过去的半个世纪里，在衡量公司业绩的方法上有一些相关的创新。一个与股东价值分析（Shareholder Value Analysis，SVA）有关，是基于传统的投资回报率（ROI）、经济增加值（EVA）或类似的方法进行了改进。另一个重要的创新是知识经济，很多关于帕布利克观点的争论都源于这种意义的多重性。在方法论上，帕布利克在知识经济背景下创造的价值增加概念和价值创造概念之间的桥梁构成了其建议的主要优势。帕布利克认为，他成功地论证了在知识型组织中没有必要为了考虑知识型员工的存在而修改会计准则，正确解读增值损益表，可以衡量知识工人的生产力以及他们创造的新价值。另一方面，将 VAIC 作为现有的绩效衡量标准（例如 EVA）替代方案或竞争对手的尝试是该提案的主要弱点。实际上，竞争并不存在，因为 VAIC 法只衡量绩效的一个维度，而不是从其他度量中去考虑，因此，它是一种对现有方法的补充。所以，可以把它作为知识资本效率的创新指标，有效地包含在最重要的多维方向仪表板（比如平衡计分卡、斯堪的亚导航器或无形资产监控器）之中。总之，VAIC 法是由帕布利克提出并系统阐述的，与知识经济完全一致，是传统衡量方法（如 EBITDA[①]）更客观的替代方案。

（二）主要结论

具体而言，云南省的整体知识资本增值系数最大（10.24），其次为知识资本增值系数（8.51），特别是人力资本增值系数（7.35）大于结构资本增值系数（1.16），而物质资本增值系数（1.73）则远远低于知识资本增值系数，略高于结构资本增值系数。

因变量区域物质资本增值系数（CEE）与自变量人力资本增值系数（HCE）、结构资本增值系数（SCE）和知识资本增值系数（ICE）均在 0.01 的水平上显著相关。

区域知识资本、区域人力资本和区域结构资本对区域物质资本均在 0.001 的水平上有显著的持续影响作用。

---

①Earnings Before Interest, Tax, Depreciation and Amortization，即息税折旧摊销前利润。

（三）研究假设验证情况

通过对区域知识资本的区域整体资本、区域人力资本、区域结构资本、区域知识资本和区域物质资本等对区域创新绩效的直接影响和持续影响的面板数据分析和检验，10个研究假设全部通过，如表4-29所示。

表4-29 网络层次研究假设验证结果表

模型	编号	研究假设	验证结果
直接影响	H3-0	区域整体资本对区域创新绩效有显著影响	成立
	H3-1	区域人力资本对区域创新绩效有显著影响	成立
	H3-2	区域结构资本对区域创新绩效有显著影响	成立
	H3-3	区域知识资本对区域创新绩效有显著影响	成立
	H3-4	区域物质资本对区域创新绩效有显著影响	成立
持续影响	H4-0	区域整体资本对区域创新绩效有显著的持续影响	成立
	H4-1	区域人力资本对区域创新绩效有显著的持续影响	成立
	H4-2	区域结构资本对区域创新绩效有显著的持续影响	成立
	H4-3	区域知识资本对区域创新绩效有显著的持续影响	成立
	H4-4	区域结构资本对区域创新绩效有显著的持续影响	成立

（四）原创性与研究意义

1. 研究方法具有普适性

本研究以云南省为例，运用VAIC法对区域知识资本进行了测量，在此基础上，采用2008—2019年云南全省数据和下辖16个州市的面板数据，构建并检验了区域知识资本及其两个要素（人力资本和结构资本）对物质资本的回归模型，属于首创，并且具有普适性。

2. 所构建的模型操作性强

本研究在省级年鉴中选取数据，对区域知识资本进行了测量，具有很强的操作性。

3.本研究的分析有助于更好地理解帕布利克定义的知识资本效率的计算方法和解释方法

一些研究证实绩效评估的正确方法是多维度的，根据帕布利克对公司绩效衡量的单一视角，传统的基于息税折旧摊销前利润的衡量方法对利益相关者的价值创造没有任何作用，被完全基于VA的衡量方法所取代。VAIC法可以作为一个特定的标准来维护，它只捕获多维现实的一个方面。

（五）未来研究领域

正如衡量企业绩效的知识资本一样，VAIC法被认为是一种衡量区域知识资本的特定方法，因此，它可以被成功地包含在衡量区域知识资本的多标准方法中，如平衡计分卡、无形资产监控等。当被正确地理解为人力资本的效率度量时，VAIC法可以以一种与其他方法互相补充和集成的方式使用。帕布利克的主要优点是恢复了增加值的概念，正如其在增值损益表中所表达的意图。除了员工成本之外，帕布利克认为将分析扩展到增加值的其他组成部分是非常有用的，以便考虑不同投入的效率和所有生产过程投入对价值创造的贡献。

总之，各区域正面临着来自全球经济迅速变化的压力，区域的繁荣不再依赖于廉价土地和劳动力等传统资产。相反，区域的成功更多地取决于新的资产类别，如技能、创新、生活便利设施、文化资产等，特别是知识资本。全球知识经济突出了区域作为每个国家经济增长、繁荣的适当"战略干预地点"的作用。在这种背景下，区域在全球化、知识密集型竞争的新时代成为学习和知识创造的焦点。

第五章 区域知识资本的结构优化建议

在全球化和竞争激烈的环境中，只有那些有能力吸引和保持知识资本的地区才能获胜。今天，各区域的地位比以往更多地由其能力和技能来决定，以便在一个持续的过程中学习和发展自己，培养一些具体的、有区别的和根植于区域的知识，并促进与世界上其他知识库的联系。因此，一个区域的主动性和进取心在区域竞争中变得越来越重要。本章针对云南区域知识资本发展现状和数据分析中存在的问题，分3个部分对云南区域知识资本进行结构优化，并提出相应的策略思考。一是基于战略视角，借鉴企业层面的知识资本，构建云南区域知识资本的转移模式；二是基于创新视角，构建云南区域知识资本的创新模式；三是基于产业视角，构建云南生物集群的分析框架。

第一节 云南区域知识资本战略转移模式管理策略

众多的理论和实践证明：知识资本是一个区域创造财富的主要来源，一个区域的发展离不开知识资本的测量、开发和利用。对于一个国家乃至世界而言，区域是知识中心、经济增长和创新的核心，应该制定综合的区域知识资本发展战略。因此，在全球化和知识经济的背景下，提供一个基于知识资本未来愿景的方法应该是区域经济发展的战略优先事项。本节提出了一个云南区域知识资本战略的要素转移模型，它可以决定我们必须考虑哪些因素，才能使一个区域成为财富、繁荣、福利和未来增长的源泉。

一、构建区域知识资本战略的必要性

（一）区域营销成为区域经济发展战略的一个突出特征

尽管关于知识社会模式的描述层出不穷、数量众多，但学者们并没有对作为知识收集者和创造者的区域这个主要研究对象给出足够严格的定义。他们注意到，缺乏论据来解释一些区域在影响其居民生活的不同地区吸收知识、建设创造性经济或寻求创新解决方案方面所表现出的能力。在这个意义上，莫塔、马萨斯和费尔南德斯（Mota、Macas & Fernandes，2010）分析了葡萄牙大陆次区域新建设和重建的增长效应；内格特、克梅特和尼亚克舒（Negut、Di Comite & Neacsu，2010）确定了罗马尼亚的移民模式，特别关注于经济移民；希尔瓦、特里戈和安图内斯（Silva、Trigo & Antunes，2011）识别并分析了环境中限制葡萄牙科维哈（Covilha）工业企业创建的正式制度因素，即只考虑影响区域发展的特定方面的研究。

一个人可以通过学习获得成为一名企业家的能力，并开始创业成长，而在知识经济的背景下，一个区域的活力在很大程度上取决于激活、发展、维持和管理知识动态和过程的能力。基于知识资本的视角可以帮助人们识别一个区域驱动物质资本的无形资产，而创造财富的关键在于知识转移和转化的有效性。区域人力资本、区域内部结构和区域外部结构是一个区域知识资本活动的关键驱动力。

区域被认为是"知识、文化、信息和创新的生产中心"，在这里，人、组织和地区之间有着丰富的互动。然而，当前区域经济进入了一个艰难的转型过程，从一个稳定的、主导世界市场的工业经济，向一个快速变化的、高度信息化的、面临强大全球竞争的经济方面转变。区域政府不能强迫市场按照自己的意愿做出反应，而必须对支配市场演变的趋势和力量做出积极回应，使区域能够以各种巧妙的方式与私营公司合作。对于一个公司来说，市场营销的重要性不言而喻，这也往往使市场营销被认为是企业的专利。但市场营销不应完全是企业部门的优势，区域政府可以像公司推广商品和服务那样有效地推广自己的地区，而且这些区域必须制定当地复杂的市场营销做法，根据主要利益相关者的利益来应对这些挑战（Stanciulescu，2007）。

（二）为区域提供未来愿景正成为一种新兴需求

由于信息技术的进步正在改变人们的生活、工作条件和人的发展，甚至对人们决定在哪里定居产生了强烈的影响。今天，由于旅行成本下降、房价向上趋同，人们可以选择在任何地方生活和工作。面对这种情况，区域政府至少应该考虑和回应以下问题：我们怎样才能让这个区域更吸引人居住？我们如何吸引业务？我们如何促进、发展和"捕捉"创业精神？为了适应新的变化，必须做出哪些改变？应该开发什么类型的结构？

这些问题将促使一个区域去考虑希望自己的未来是什么样的，即综合发展战略。为了使我们的区域成为财富、繁荣、福利和未来增长的源泉，我们必须有工具来考虑和量化潜在的无形资本。

直到最近，研究人员和区域决策者才开始研究制定综合战略，以弥合知识鸿沟和成功开发知识资本中心的潜力。塔帕德尔和阿列克谢（Tapardel & Alexe，2012）考虑了在布加勒斯特成功实施战略规划过程和品牌战略所必需的主要战略方向和品牌元素。然而，知识资本整体发展战略的缺乏，是全球各地政府和区域决策者面临的一个重要问题。从知识社会的角度来研究和分析区域的方法现在似乎特别及时，里斯本战略（Lisbon Strategy）是一个旨在使欧盟成为世界上最具竞争力和活力的经济进程，以知识和创新管理为基础，能够使经济持续增长，有更多更好的工作和更大的社会凝聚力（Ungureanu，2006）。这一进程的4个基本支柱是：向知识型社会和经济转型；通过投资人力资本和打击社会排斥，实现欧洲社会模式的现代化；采取适当的宏观经济措施；保护环境。

二、理论基础

（一）知识资本转移的认识论

在20世纪的最后20年，作为替代传统产品基础或竞争优势的资源基础理论观点受到关注。基于资源的观点提高了管理者和实践者对战略制定的理解，因为这些组织大多是依赖无形资源，例如迅速增长的基于知识的服务和知识密集型行业。文津、克罗和鲁斯（Venzin、Krogh & Roos，1998）区分了在认识论视角下指导实践和研究的3种理论：以赫伯特·西蒙（Herbert Simon）为代表的认知主义、以乌多·赞德（Udo Zander）和布鲁斯·科格特（Bruce Kogut）为代表的连接主义、以赫托·马图拉纳（Herto Maturana）和弗朗西斯科·瓦雷拉（Francisco Varela）为代表的自创生论。

认知主义认识论的观点假设组织是开放的系统，它通过形成越来越准确的世界"表征"来发展知识。组织收集的数据和信息越多，特性就越接近。因此，大多数认知主义观点将知识等同于信息和数据。

根据连接主义认识论，组织仍然"代表"它的外部世界，但现实的"表征"过程是不同的。与认知主义的认识论一样，信息加工是系统的基本活动。

自创生认识论为系统的输入提供了一个根本不同的理解，输入只被视为数据，知识是私人的，这个概念接近于波兰尼（Polanyi，1958）个人知识的概念。自创生系统既是封闭的又是开放的，对数据开放但对信息和知识封闭，这两者都必须在系统内部进行解释。自创生系统是自我参照的；世界不是固定、客观的，它是在系统中构建的，因此不可能"代表"现实。一个组织可以被看作一群创造了共同参考框架的个体。日本学者野中郁次郎和竹内弘高提出的组织知识创造理论，以及瑞典学者斯威比开创的无形资产理论都接近于自创生认识论，即使他们都没有建立自创生的基础。野中郁次郎和竹内弘高将知识定义为一种合理的真实信念：当一个人创造知识时，通过持有合理的信念从而致力于使它们在一个新情况下有意义。这个定义强调的是创造意义的有意识行为。

在波兰尼的基础上，斯威比（1994，1997）将知识定义为一种行动的能力，这种行动的能力可能是有意识的，也可能是无意识的。这个定义的重点是行动要素：行动的能力只能在行动中表现出来。每个人都必须通过经验重新创造他/她自己的行动和现实的能力——这是一种类似于构成主义的观点。被定义为"行动能力"的知识是动态的、个人的，与数据（离散的、非结构化的符号）和信息（明确沟通的媒介）截然不同。

（二）知识资本战略中的人的因素

"战略"一词通常和组织与其环境的长期互动有关的活动和决策联系在一起。虽然基于竞争和基于产品的战略制定通常将市场和客户作为研究的起点，但基于资源的方法往往更强调组织的能力或核心竞争力。因此，基于知识的战略制定应该从主要的无形资源——人的能力开始。

人被视为商业活动中唯一真正的代理人，一切有形的物质产品和资产以及无形的关系，都是人类活动的结果，并最终依赖于人而得以继续存在。人们通过有形的方式，如手工、房屋、花园和汽车，以及无形的企业协会、想法和关系，不断地将自己延伸到他们的世界中。

加拿大传播学家、媒介环境学的开创者麦克卢汉（McLuhan，1967）将这些无形的扩展称为"媒体"。受到麦克卢汉的启发，斯威比（1997）建议组织中的人创建结构是为了表达自己。结构不是对象，结构应该被看作由人们相互作用而构建的一个恒定的过程，如果一个人去寻找一个结构，是不会找到的。人们会发现某些事件是相互关联的，这些序列，它们的路径和时间是我们倾向于做成物体的形式。

组织中的大多数"事物"都是这样的动态关系，因此"知道"和"组织"这样的动词比名词"知识"和"组织"更适合描述它们。人们可以利用他们的能力在两个方向上创造价值：通过向外部或内部转移和转换知识到他们所属的区域。当制造商的经理在内部指导员工的工作时，他们创造了有形的产品和无形的结构，比如更好的工艺和产品的新设计。而当他们将注意力向外转移时，除了提供商品和金钱外，还会创造无形的结构，如客户关系、品牌知名度、声誉和客户的新体验。

三、区域知识资本战略转移模型的构建

（一）知识资本的三大类别

区域人力资本即区域内职工的个人能力，包括专业/技术人员和支持/管理

人员，如研发、生产、销售和营销人员，简而言之，就是所有直接接触客户或其工作直接影响着客户对组织看法的人。之所以区分专业/技术人员和支持/管理人员，是因为他们的不同角色决定了他们如何相互联系，以及他们如何与外部世界联系。这种分类对战略拟定和行动规划是有帮助的。例如，知识密集型企业中普遍存在的专业专家和行政人员之间的差异，被该理论解释为两者之间缺乏知识共享。

当人们在内部指导自己的行动时，他们就创建了一个内部结构，从中或多或少可以看到拥有专利、概念、模型、模板、计算机系统和其他管理的显式的过程。它们由员工创建，通常由组织拥有，但该组织只能合法拥有内部结构的一小部分。非正式的权力博弈、内部网络、文化或精神也可视为内部结构。在内部结构家族中还包括个人能力部分，例如内部结构中的支持人员、会计、信息技术人员及人力资源和管理人员，因为不可能将内部结构与其创建者分开，所以内部结构部分依赖于个人，部分独立于个人。即使最有价值的个人离开一个在很大程度上依赖于他的公司，至少部分的内部和外部结构（品牌名称）也会保持不变，可以作为一个新的平台的开始。

区域外部结构可以看作与区域外部顾客和供应商之间的一组无形的关系，它们构成了区域声誉（形象）的基础。其中一些关系可以转化为合法财产，如商标和品牌名称。这种无形资源的价值主要是受公司解决客户问题的程度的影响，这涉及不确定性因素，声誉和关系可以是好的也可以是坏的，并且可以随着时间的推移而改变，它们在一定程度上独立于个体。

（二）利用知识转移创造价值

为了理解为什么知识基础理论对战略制定是有价值的，我们可以考虑一些区分知识转移和有形商品转移的特征。与有形商品在使用时会贬值相比，知识是在使用时会增值，不使用时会贬值。培养一门语言或一项运动的能力需要在培训上投入巨大费用，而管理能力则需要在工作中花很长时间来学习，但如果一个人不再说这种语言，它就会逐渐消失。从供应商到买家的实体货物的制造和运输，通过工厂给了我们价值链的概念，但如果我们将组织视为通过与客户一起进行知识转移和转换来创造价值，价值链就会崩溃，因此这种关系最好被视为价值网络。在不同角色和关系的人之间的互动过程中，他们既创造无形价值（知识、想法、反馈等），也创造有形价值。

与价值链相比，价值网络中的无形价值在每次转移发生时都在增长，因为知识不会因为转移而离开创造者。从你身上学到的知识，增加了我的知识，却没有离开你。因此，从组织的角度来看，知识实际上翻了一番。分享知识就是让知识翻倍。然而，从个人的角度来看，如果分享的结果变成失去职业机会、额外的工作和不被认可，那么知识共享可能会导致竞争力的丧失。害怕被解雇或失去竞争力，通常是人们不分享他们所知道的或他们所创造的东西的原因。

上述问题主要是关于现有知识（通常是隐藏的和/或未充分利用的知识）的转移，而另一个问题是全新知识的创造。野中郁次郎和竹内弘高（1995）认为，新知识是在显性知识/隐性知识从一种类型转换到另一种类型的过程中产生的。战略制定问题涉及如何利用杠杆，以及如何避免阻碍分享和创造新知识的障碍。价值创造的关键在于这种转移和转换的有效性。

"转移"和"转换"这两个词的选择可能暗示着知识的单向运动，但事实上两个人之间的知识转移是一个双向的过程，它倾向于提高双方的能力，而团队合作则倾向于整个团队的知识共同创造。此外，能力的转移依赖于从隐性到显性再到隐性的循环转换。由于有助于战略制定和行动规划，以区分活动的方向性成分，因此选择了这两个词语。而在讨论行动能力的资源时不能不涉及个人以及如何激励个人分享和创造。在长期的创造力和创造性行动方面的传统研究表明，旨在管理环境或教练风格的管理方法比用命令控制个人行为更合适，一般使用"赋能"这个术语来描述所需的管理风格。

基于知识的理论的一个特点是，它挑战了对组织边界的认知。如果客户和供应商被包括在企业的家族中，那么组织的界限就变得无关紧要了。重要的是价值创造在整个系统中的有效性，因此，个人是正式雇员、客户还是承包商的问题就不再那么重要，例如一名以前的员工作为客户可能比作为员工更有价值，这一事实长期以来一直被专业服务公司所利用。

（三）区域知识资本的战略转移方式

根据如图 5-1 所示的框架，我们可以概括出一个区域知识资本整体最大化价值创造问题，同时根据区域知识资本的 3 个组成因素，区分出 3 类 9 种基本的知识转移方式，它们都有为组织创造价值的潜力，构成了知识战略支柱的活动，有效地提高了组织内外人员的行动能力。

图 5-1　区域知识资本转移模型

第一类，区域人力资本的知识转移方式。包括：个体之间的知识转移；从个体到内部结构的知识转移；从个体到外部结构的知识转移。

第二类，区域内部结构的知识转移方式。包括：内部结构中的知识转移；从内部结构到个体的知识转移；从内部结构到外部结构的知识转移。

第三类，区域外部结构的知识转移方式。包括：外部结构中的知识转移；从外部结构到个体的知识转移；从外部结构到内部结构的知识转移。

严格区分这 9 种区域知识资本转移方式是非常困难的，但是能够清楚地认识它们之间的界限，对于区域知识资本的战略转移模式构建是非常有利的。为此，以下第四部分对这九种知识资本转移模式进行说明，并以公司层面的例子进行解释，第五部分从区域角度进行总体分析。之所以引用公司层面的例子，一方面是能更好地解释问题，另一方面公司层面和区域层面的知识资本，在一定程度上来说，只是范围大小而已。

四、区域知识资本战略转移模型的应用策略

(一) 区域人力资本的知识转移

1. 个体之间的知识转移

个体之间的知识转移涉及如何使区域组织内部员工之间的沟通最好，并且确定什么类型的环境最有利于激发创造力。其战略上的问题是：我们如何改善区域中人员之间的能力转移；我们如何改善合作气氛，最重要的问题可能是关于对组织的信任；人们有多愿意分享他们的想法和他们所知道的。对这些问题的回答将引导我们开展相关活动，如建立信任、使能团队活动、入职培训、岗位轮换、师傅/徒弟计划等。

在全球劳动力市场背景下，如何获得创造和维持一个区域新兴产业所必需的新形式的发展能力，促进全球人力资本在当地区域的流动和吸收，引起了一些学者的兴趣。美国德州农工大学的埃韦斯（Ewers，2013）研究了阿拉伯海湾地区的国家利用其石油财富"进口"必要的人力资本，使其经济在石油之外进行多样化的努力，该项研究试图超越对制度如何使知识流动可转移或不可转移的关注，强调了一个区域如何塑造地方吸收和整合外国知识的能力。

公司层面的例子如1905年成立的丹麦助听器制造商奥帝康（Oticon），它重新设计了整个工作环境，以创造一个开放、灵活、创造性和共享的氛围。该公司强调"实时"互动，站立式咖啡吧鼓励即兴会议，配备桌椅的对话室"帮助员工在解决问题或分享知识时放松。"奥帝康公司甚至把电梯锁了起来，这样在楼梯间就会有更多的"意外"会面。该公司认为，文书工作阻碍了信息的交流，因为它比口头交流更慢、更正式。因此，该公司指定了一个"纸屋"，这是唯一一个纸张"安全"的房间；即使是电子邮件也不鼓励面对面交流。这些策略使得实时对话成为奥帝康公司业务中不可分割的一部分，以至于其他形式的交流几乎不存在。人员轮岗项目很常见，让员工能够接触到当地隐性的专业知识。例如，包括西南航空公司首席执行官在内的所有高管每个季度至少要花一天时间做行李搬运工、票务代理或乘务员，这种"车间"的经验使所有受聘人员的头脑中对操作的知识保持新鲜，并且改善了各个层次的沟通。

2. 从个体到内部结构的知识转移

也就是将个人能力（通常是被默认的）转化为数据存储库，其理念是，这样的存储库中的信息将与整个组织共享。事实上，数据库软件的市场营销者已经非常成功，以至于许多决策者认为购买一个数据库就等于"知识管理"。但我们的观点是，这只是 9 种可能的战略行动之一。将投资重点放在数据库和文档处理等方面，只会实现一小部分基于企业知识基础理论的更具战略性的方法的价值，该理论包括所有 9 种知识转移方式。其战略上的问题是：我们如何提高个人能力向系统、工具和模板的转换？对这类问题的回答将导向以活动为中心的工具、模板、流程和系统，这样它们就可以更容易、更有效地共享。

类似的例子很多，如用于医疗诊断的人工智能系统、内部网、文档处理系统、数据库等。从数据库或内部网系统中创造价值的关键不是技术的复杂程度，而是企业的氛围和系统中所有代理的参与程度。美国化学品制造商巴克曼实验室（Buckman Labs）就以培育合作氛围而闻名，尽管它的 1300 名员工分布在世界各地。

3. 从个体到外部结构的知识转移

从个体到外部结构的知识转移涉及组织的员工如何将他们的知识转移到外部世界。其战略上的问题是：组织的员工如何提高客户、供应商和其他利益相关者的能力？对这类问题的回答导致了集中于授权员工帮助客户了解产品、摆脱繁文缛节、与客户轮岗、举办产品研讨会、提供客户教育等活动。

例如，总部位于美国的咨询公司麦肯锡鼓励咨询顾问花时间发表他们的研究和方法，以建立公司的声誉；百特国际销售医疗保健产品，并将其服务扩展到医院，百特的员工不仅在静脉注射溶液中混合药物，还充当其他供应商的经纪人。

（二）区域内部结构的知识转移

1. 内部结构中的知识转移

区域内部结构是组织的支柱，由此形成的战略问题是：如何有效地整合组织的系统、工具、过程和产品？对这类问题的回答将导致集中于精简数据库、建立综合信息技术系统、改善办公室布局等活动。例如，普华永道的内部网知识曲线

(Knowdge Curve)集成了数千个以前单独或本地保存的数据库，这是一个由企业系统和其他公司范围的IT解决方案主导的领域。

2. 从内部结构到个体的知识转移

"在系统中捕获"的能力是信息，这些信息需要提供给其他个体，以提高他们的行动能力，否则投资就是一种浪费。据此可知，IT系统只能产生信息，价值创造的关键在于信息是否产生能力。其战略上的问题是：如何通过使用系统、工具和模板来提高个人的能力？对这类问题的回答将引导我们开展活动，专注于改进系统的人机界面、基于行动的学习过程、模拟和交互式电子学习环境。

例如，瑞典家具公司宜家使用定制模拟来加速其仓库员工的学习；压缩机制造商科普兰公司根据一次演示的结果改变了整个制造方法，在这次演示中，一个多功能团队设计了一个演示工厂来制造一条新生产线。实验，无论是一个正在进行的项目还是一个演示项目，都能帮助个体从表面的知识过渡到对其过程的更基本的理解——从了解一些东西到学习如何和为什么。

3. 从内部结构到外部结构的知识转移

其战略上的问题是：组织的系统、工具、过程和产品如何提高客户、供应商和其他利益相关者的能力？对这类问题的回答将引导我们开展活动，使组织的系统、工具和流程有效地服务于客户、外联网、产品跟踪、帮助台、电子商务等。

例如，安永咨询公司创建了一个税收和法律数据库"厄尼"（Ernie），允许客户利用其顾问也使用它的数据来源；以服务闻名的丽思卡尔顿连锁酒店安装了一个可访问全球的客户信息数据库，所有的员工都被要求在卡片上填写每一次与客人私人接触的信息，这些数据和客人档案都被存储起来，并提供给员工，以确保对所有客人的个人待遇。

（三）区域外部结构的知识转移

1. 外部结构中的知识转移

关于供应商的服务/产品，顾客之间会告诉对方什么？产品是如何使用的？利益相关者之间的对话可以对公司的战略产生巨大的影响。从知识的角度制定战略，为传统的客户满意度调查和单向公关活动提供了更加丰富的活动范围。企业可以支持客户的能力增长，并影响外部结构中利益相关者之间的能力转移方式。其战略上的问题是：我们如何促进客户、供应商和其他利益相关者之间的对话，以提高为客户服务的能力？对这类问题的回答将导致我们专注于合作和联盟的活动，改善组织的形象及其产品和服务的品牌资产，提高发行质量，举办产品研讨会及校友计划。

例如，丹麦生物医药生产商诺沃积极参与当地社区建设，以改善其产品在当地社区的形象；图书出版公司贝雷特克勒为购书者举办了以作者为演讲者的研讨会。

2. 从外部结构到个体的知识转移

员工可以从客户、供应商和社区的反馈中学习很多东西，比如想法、新经验、反馈和新的技术知识。从外部结构到个人的知识转移与组织员工如何从外部结构学习有关，组织往往有现成的程序来获取这些知识，但它们是分散的、没法衡量的，因此不会系统地影响战略的制定。其战略上的问题是：组织的客户、供应商和其他利益相关者如何提高员工的能力？对这类问题的回答将导致致力于在组织内部人员和组织外部人员之间建立和保持良好个人关系的活动。

例如，在传统的以美元为基础的销售和收入报告中增加一个无形的维度，使组织能够跟踪这种无形的收入。在宾夕法尼亚州特雷沃斯的贝兹实验室，员工经常参与客户的质量管理团队，以对客户需求获得更好的理解甚至预期。奔驰公司通过跟踪客户的投资回报来衡量这些知识所带来的增值，其员工也会因为在提高这些回报方面做出的杰出努力而获得奖励。

3. 从外部结构到内部结构的知识转移

从外部结构到内部结构的转移涉及组织可以从外部世界获得什么知识，以及如何将这些新知识转化为行动。其战略上的问题是：来自客户、供应商和其他利益相关者的能力如何改善组织的系统、工具、过程和产品？对这类问题的回答将导致集中于授权呼叫中心解释客户投诉、创建联盟以产生新产品的想法等活动。

例如，美国薯片制造商菲多利提供了一个商品差异化的有趣案例。该公司利用其销售人员收集客户的数据，这些数据被分析并反馈给他们的销售人员，使他们拥有卓越的客户知识和竞争情报。菲多利公司的代表不仅自己使用这些信息，而且他们还"免费"提供这些信息，前提是商店购买他们的薯片而不是竞争对手的。

（四）区域知识资本的价值创造最大化知识转移

这9种知识转移存在于大多数组织中，这些知识转移模式也适用于区域管理，然而，它们往往无法在一个连贯的战略中进行协调，因为管理缺乏基于知识的理论可能给它们提供的全面视角，大多数组织还有阻碍这种影响力的遗留系统和文化，所以许多好的倡议要么被浪费掉，要么相互抵消。例如，如果一个组织的竞争氛围非常激烈，那么投资一个复杂的信息共享IT系统是一种浪费——只有垃圾才会被共享。鼓励个人竞争的奖励制度将有效地阻碍加强知识共享的努力，缺乏标准和糟糕的分类法降低了文档处理系统的价值，与客户分享知识的程序被保护商业秘密的繁文缛节所抵消。如果员工离开公司时被疏远，或者校友计划被下放到行政职能部门，那么利用前员工建立营销关系的努力就是徒劳的。除非数据库具有高度的交互性，否则数据存储库不会提高个人的行动能力。将所有活动整合到一个战略框架中很重要，这样它们就可以相互制衡，而不会抵消在其他领域的投资。

政治因素在知识资本战略转移模式构建过程中有着重要的作用。有些时候，区域政府中政治化的公共机构管理有意识地扭曲了所传递的信息，这导致了区域作为产品的现实与战略传播所呈现的不同。因此，非政治性公共管理应成为区域战略成功的有益补充，区域应该更加提高战略规划过程的重要性，而不是满足当前的选择性需求。

区域知识资本战略转移模式的实施，最关键的是形成一个由市民、公司和区域政府组成的规划小组。这个规划小组确保了公共部门和私营部门之间合作的重要性，并需要让所有的受益者参与到为各自的地方未来建模的努力中来。该组织的任务包括3个方面：首先，它必须定义和分析区域的状态，以及区域必须面对的主要问题及其原因；其次，它必须在对现有价值、资源和机会进行现实评估的基础上，为区域的未来设计一个远景的解决方案；最后，要制定长期的行动计划，要有一定的中介投资和转型阶段。规划小组必须启动一个面向市场的战略规划过程。

规划小组要使用各种形式的战略规划，作为一种辅助管理工具，以确定基本行动方向、目标和资源分配。必须指出，只有区域政府拥有专门的人力资本，能够在其所处环境（财政和物质资源不足、政治干预、环境不稳定）造成的胁迫条件下有效地管理活动时，区域知识资本转移战略的特定程序才有效，从而最大化地发挥区域知识资本的价值。

五、区域知识资本战略转移模型的总体分析

（一）区域内部知识与外部知识

区域能否通过移民、贸易和投资来吸引和利用全球人力资本和国外知识，从而提高当地的发展能力？地理学者认为，知识不仅仅是一种可以购买、进口或转移的生产要素，它还存在于特定的地方和制度环境中（Amin & Cohendet, 2004）。与物质资源或物质产品相比，知识很难转移到其他行动者和地方：它是在使用它的社会空间中产生并受到限制的（Bathelt & Gluckler, 2005）。虽然前面告诉了我们很多关于知识转移的空间和制度因素，但并没有告诉我们如何解决问题，以及一个特定区域的学习机构在当地环境中吸收和整合全球知识能力的方式。

世界上一些富有的国家在经济转型中面临着一个独特的人力资本障碍：依赖国外知识来实现经济增长。与当地人口和就业困境形成鲜明对比的是，一些地区雄心勃勃的后工业发展计划刺激了对外派人员的强烈需求，以填补相关技能和技术缺口。这一挑战说明了一方面要动员和吸引内部人员和知识，另一方面要吸收外部结构的知识。因此，一个区域首先应设法利用其能力通过产业集群来吸引外国劳动力、知识和技术，以此作为建立新的竞争优势的基础；其次，地区政府应力求确保新产业能够为当地创造收入，为当地公民创造更多的就业机会，并允许该地区在关键行业和职业中减少对熟练外侨的依赖。

从云南区域来看，它可以通过"复制+创造"的方式直接获得国内东部地区乃至国际最先进的商业模式、工业知识和技术能力，但一旦这些全球人力资本被引进，会发生什么呢？现有的知识地理学研究方法已经考察了企业之间、地区之

间和个人之间知识转移的决定因素和空间维度，在很大程度上，地理学家关注的是一个区域如何帮助或阻碍特定形式的知识跨空间转移，使这些流动可转移或不可转移、可破译或不可破译（Gertler & Vinodrai，2005）。知识是否可以被吸引或调动而不被转移，是否可以在企业之间交换或转移而不被吸收和整合在一个地方？为此，一个区域应将重点从企业的知识传递和转移的制度决定因素转移到区域的知识接收和学习的制度决定因素上，特别是要强调地域学习机构、基础设施和惯例如何塑造一个区域吸收和整合外部知识的能力。

区域内部学习在多大程度上来自外国知识的输入，是一个区域吸收能力的函数，一般来说包括现有人力资本的存量以及新的外部知识和现有的当地知识基础之间的互补程度。

（二）知识传递的空间维度

随着生产过程变得更加复杂和国际化，人力资本现在比自然或物质资本更受重视，成为决定地区和企业竞争力的主要因素。这引发了大量关于企业和个人知识传播的空间维度，以及一个区域在发挥帮助或阻碍传播作用方面的思考。

1. 空间距离

某些形式的知识（如隐性知识）比其他形式的知识（如显性知识）更难跨越空间传递。虽然知识传播可能在多种尺度上发生，但隐性知识的吸收和转移往往是一个明显更加本地化的过程，需要知识持有者和接受者之间某种形式的共同存在或共同学习（Williams，2007）。这是因为隐性知识的形式是集体的，存储在非正式的语言、惯例和商业方式中，这些都是各地的共同实践（Malecki，2010）。

因此，空间邻近性通过提供集体、互动学习所必需的共享社会环境，促进了行动者之间的隐性知识交换。这意味着远程进行隐性知识交换是不可能的，而且隐性知识将被嵌入独特的地理位置。地理学家关注的是学习和创新的地域空间和地理边界，确定了知识创造、流通和交换水平高的地区。在次国家尺度上，世界城市、集聚经济和学习区域分别反映了知识活动空间集中的焦点。地理邻近有利于企业之间的学习，同时也会产生更广泛的激励、溢出和互动（Malmberg & Maskell，2006）。

人力资本的独特之处在于它存在于人的头脑之中，是智能的、移动的生产要素，能够教、学和做。随着全球化促使熟练国际劳动力流动水平的不断提高，全球人力资本的地域分布将不断变化。对于企业来说，这反映了劳动过程的国际化，同时也要求在日益复杂的生产系统中需要大量的协调。对于区域而言，吸引和留住全球人才的能力已成为经济表现的关键决定因素，这是内生人力资本形成的必然结果，也是创新型、学习型经济的标志。然而，如果一个区域没有足够的本地知识供应，我们就很难看到聚集经济的证据。事实上，人们对引进熟练劳动力以获得在发达经济体形成竞争性集聚之前的临界知识量的潜力知之甚少。

2. 组织邻近性业务和地理位置

跨国公司作为知识转移的载体和场所，既有向本地东道国企业（企业间）的知识转移，也有跨单个企业的全球网络（企业内部）的知识转移。特别是通过建立组织或关系上的邻近性，企业可以克服距离、地理边界和制度划分的限制，在国际上转移知识，促进全球学习。因此，社会关系能够超越地理邻近性和社会背景，成为隐性知识交换发生的社会空间。

不同行业和职业对知识的要求不同，知识的交流和整合方式也不同。一些公司或行业更有可能在全球范围内获取知识，而另一些公司或行业将更依赖于特定行业和特定地点的知识资源或互动，而个体策略往往反映了两种方法的一些独特组合。

最具竞争力的跨国公司比较擅长利用全球知识生产的关系空间，例如基于实践社区或管理社会嵌入关系的全球网络。企业内部和企业之间的劳动力市场流动是企业知识转移的关键来源，跨国公司可以通过外派战略促进全球学习和隐性知识的国际转移。例如，部署有知识的或有学习能力的个人来建议、监测和实施新技术、生产实践和公司的政策。可以明确的是，有竞争力的企业进入全球人力资本市场，可以创建深厚的知识基础，然后通过内部劳动力市场的不同等级和跨国运营网络来调动这些知识。因此，现在跨国公司的人力资源战略比以往任何时候都更重要。

知识流动是全球城市的国际金融中心的要求，但这种知识的吸引和利用最终反映了企业知识网络和内部劳动力市场的空间化。重要的是，关系上的接近也会限制知识的交流。例如，跨国公司的职业机会通常被限制在一个"合格的圈子"内，通过"技术、文化和社会要求的集合"来指定（Faulconbridge & Muzio，2007）。这些方法告诉了我们很多关于隐性知识传播的复杂的空间和组织维度，但它们很少告诉我们关于接受性的问题，即在什么条件下一个区域可以接受国际知识流动，特别是我们需要更多地了解一个区域的环境如何影响当地对国际知识的传播能力。

（三）知识转移与交流

由于各行各业都有一定的外国工人，因此一个区域面临的一个关键挑战是如何确保外国知识转移到当地劳动力市场并被吸收。我们从本地化学习文献中得知，隐性知识交换既需要空间邻近性，也需要基于经验的集体学习（Malmberg & Maskell，2006）。为了实现这一目标，这两个群体首先需要进行某种形式的互动。

无论区域内外之间是否存在互动，跨国公司的存在都为高水平的知识转移创造了潜力，这些公司通过移民、贸易和投资流动与全球市场进行了大量的整合和连接。尽管许多受访者对该地区能否利用外国知识来促进当地发展持悲观态度，但一些人则声称，这只是时间和耐心的问题："仅仅是外国公司和高技能工人的存在就能激发当地人的想象力。这是一个过程，当地人一定会从如此多的外国知识中获益。"

我们的目标是探讨国际商业和就业动态如何与当地知识转移相关，即在什么情况下，外国知识会被区域市场吸收和同化，反过来，在什么情况下，外国知识只是在该地区的外国公司中流通，然后退出。这进一步说明了非正式和正式机构的重要性，强调了这些机构形成同化和整合全球知识流动的具体方式。

（四）结构化知识转移协议

除了非正式制度外，我们还必须寻求正式的制度激励，为在该地区的外国投资设定条件，并在外国公司进入后指导它们的行为。在工业和工程公司中特别出现的一个主题是"结构化知识转移协议"，对于那些建造和运营工业工厂的跨国工业集团，特别是那些在发展中国家运营的企业，合同规定了某种形式的当地培训和技术转让。大型工业项目通常是"交钥匙"操作，这些业务往往非常庞大和复杂，只有世界上最大、最先进的公司才能承担。它们是如此昂贵，以至于通常还需要公共投资来融资。

最常见的协议是"建造、运营和转让"（Build-Operate-Transfer，简称 BOT，我国一般称其为特许权）。跨国公司将交付并组装一个特定的技术系统，包括机器或基础设施，在项目启动并运行后，跨国公司开始将项目运营和维护的能力移交给当地的人们。跨国公司和当地企业之间的合资企业就是为了这个目的而设立的。即使在培训完成后，跨国公司的一些雇员通常仍将长期留在员工中，长期维修也将包括在合同中。理论上，这些协议将为当地学习提供重要机会，反映了社会整合外部知识的体制机制。

然而，根据一位来自工程跨国公司的受访者的说法，有些情况并非如此："结构化的知识转移协议是一种开销。把那种垃圾放进去，你永远也赢不了竞标。我从来没有培训客户或他们的工人的商业协议。培训必须由经常性的现金流来负担，而这并不会增加客户的底线利润。"这名受访者以及其他受访者表示，他们的最终合同目标是创造一个运作良好、有利可图的业务，而达到招聘和培训基准是要花钱的。如果客户没有要求这样的条款，以最低的投标价就能赢得合同，为什么要在建议书中包含这样的条款呢？当被采访者没有参与合资企业时，他们的公司将签订可续签的合同，目标是永久留在该地区经营合资企业，部分收入将分配给当地政府。对于合资企业，这意味着在名义上将业务移交给当地的对等企业，但当地企业随后就会将业务外包给外国企业。

从这些评论中我们可以看出，一个区域知识转移的抑制因素是外国劳动力、知识和投资进入该地区的条件，区域政府应有效地实施激励机制，以吸引全球投资和知识，但类似的激励机制并没有实施，以创造隐性知识转移所需的集体学习机会。

（五）路径依赖

区域发展路径是由特定环境的机构塑造的，这些机构作为一个区域历史的载体，产生了一组特定的发展结果。学习在很大程度上已经与先进的工业国家和知识密集型产业联系在一起,但在所有部门,甚至在欠发达地区,学习过程需要制度和组织变革以及对新思想的开放。经济地理学家主要关注制度厚度在产生区域竞争力方面的有益作用,而不是消极作用。制度很难创造,也更难改变(Essletzbichler & Rigby, 2007)。

路径依赖被用来描述过去的事件和决策构成当今发展过程和结果的方式(Martin & Sunley, 2006)。过去不仅根植于生产系统、固定资本和基础设施,制度也有历史遗产,这使得路径依赖成为一个重要的社会维度。制度阻止学习的一种方式是通过"排除可能性"——因为习惯、规则和惯例可能仍然根深蒂固,即使它们被明确地认为是低效的、没有竞争力的和过时的。从这个意义上来说,空间邻近性会促进企业短视的组织惯例。例如,企业在当地进行知识搜索的自然趋势可能与竞争力相矛盾。一个区域如何打破制度的"锁定",从而促进成功的学习?区域可以投资于与外部知识的联系,或在适当的地方扩大关系知识网络的地理范围,以创建新的学习路径,但这取决于社会整合的制度机制。一个可行的解决办法是制定一整套在特定环境下工作的公约,而不是依赖于个别因素。

第二节 云南区域知识资本创新体系管理策略

在知识经济和全球化背景下,一个区域迫切需要寻求新的帮助来获得竞争优势,这使得知识资本及其激励效应的作用在竞争中脱颖而出。众多的国际经验表时,建设区域知识资本创新体系一直被认为是非常重要的,越来越多的区域热衷于发展由大学、研究机构、公司和政府等各种角色组成的区域知识资本创新体系。

一、研究背景

(一)从传统资源到知识经济

近年来,知识经济的概念变得越来越重要。这一概念描述了补充有时甚至是完全取代原始生产要素的知识，以确保提高竞争力和整体经济增长。事实上，这是显而易见的，许多国际研究也证实了这一点（Snieska & Draksaite, 2007; Magnier-Watanab, 2015）。目前存在着从传统资源（如劳动、土地和资本）向知识资本及其使用的转变，即从硬因素（如基础设施）向软因素（如无形的区域氛围、协同效应、人力资本和知识资产）的转变（Camagni & Capello, 2009）。事实证明，其中最重要的是知识和学习能力。霍克·恒等（Hawk Heng et al., 2012）指出，知识是区域的一个重要的生产要素，影响单个国家和地区的经济增长，导致地区的生产率存在差异。

今天，一个区域的经济增长对自然资源数量的依赖程度大大降低，它正日益受到智力能力、人力资源质量以及知识资本潜力的影响。知识资本在知识型社会和经济中扮演着越来越重要的角色，它促进和加速了经济主体对信息和知识的获取。知识和知识资本的生产一直在不断增长，就像现在的汽车或钢铁生产一样。这些变化是随着20世纪中期开始的技术发展而逐渐发生的。

一个明显的推动力是个人电脑的普及，但最大的繁荣发生在互联网大规模使用期间。随着时间的推移，在技术进步方面，发达国家逐渐变得更加依赖知识的生产和传播，这导致了从创造以物质为基础的繁荣向以知识为基础的繁荣的转变，并且让人们更好地认识到知识和技术在经济增长中的作用。

如今，各个经济体的经济合作与发展比以往任何一次都更强烈地依赖于知识的生产、分配和使用，在先进的技术领域中，生产、就业和增长最为迅速，如计算机、电子、航空航天技术。比起过去，知识本身成为一种更重要的产出——无论是在数量上，还是在质量上，其原因包括但不限于以下几个方面。

（1）知识现在正在成为一种生产要素，取代资本和劳动，这一说法主要基于一个隐含的观点，即知识的积累及其相关的技术进步可以从资本的积累中分离出来。

（2）相对于自然资源、物质资本和不合格的劳动力，知识的作用变得更加重要，经合组织的所有经济体都逐渐（以不同的速度）以知识为基础。

（3）在某种程度上，知识是一种比现在重要得多的产品，因为有可能看到基于知识产品贸易的新型活动的增加。

很明显，经济增长不可能像过去那样，即通过雇用越来越多的工人作为投入的来源，或通过增加消费需求来实现。有关竞争优势来源的经济理论的历史发展表明，经济实体必须始终寻求进一步的、新的方法来实现其区域战略和应对快速的变化。

（二）知识资本激励效应的演化历程

知识或知识资本无疑是经济增长的新来源之一，尽管从经济角度来看，知识的使用并不是一个新现象。约瑟夫·熊彼特（Joseph Schumpeter）在1911年左右提出了利用知识及其组合作为创新活动和商业活动的基础的想法，这导致创新作为区域增长、生活水平和国际竞争力的关键驱动力的重要性逐渐增加。

自1970年以来，在知识及知识资本的激励效应研究方面，一直努力将社会研究与政策制定联系起来，理解知识激励机制和创新活动的空间维度。地理位置和集聚经济对于知识的产生、传播、激励和应用至关重要。许多研究不仅调查了知识创造和创新之间的关系（Castro，2015；Osoro et al.，2015），还检验了知识资本、知识创造、创新和区域经济增长之间的关系（Capello & Lenzi，2015；Aghion & Jaravel，2015；Fidel et al.，2015）。

显然，各地区具有不同的地域资本和允许经济加速发展的地域条件，因此，公共资产、私人资产、物质资产、非物质资产和知识资产的可用性在不同地区之间存在显著差异，包括基础设施以及知识资本。许多研究的结果表明（Renkow，2008），内部结构会给先进的经济系统带来积极的影响，这些系统包括集中的公共结构性政策、有效的执法机构、合作实体之间的信任，以及提高工人的知识潜力，包括创造力和创新能力。

二、云南区域知识资本创新体系的内容

（一）区域创新体系的提出

从基于大规模生产的福特生产系统到基于多样化的小批量生产的后福特生产系统的转变，从20世纪70年代开始影响了先进工业化区域的工业结构。此外，

基于全球化和地方化进程的新经济秩序已经改变了基本的经济制度。全球化进程的主要力量是生产和贸易、外国直接投资和技术发展。

构建区域创新体系是一个区域化的过程，它与全球化进程相一致。并不是所有区域都在进行密集的经济活动和知识资本创新，而是在特定地区，因为资本、劳动力和技术需要区域竞争力，以满足这些因素的自由流入，此外，区域创新体系被认为是增强区域竞争力和创造可持续发展的关键因素之一。因此，大多数发达工业化区域都热衷于建立自己的区域创新体系，并通过各种政策、重组法律体系、创造竞争和合作项目来加以改善。卡佩罗等（Capello et al., 2011）将知识资本、创新和区域增长的研究分为3种不同的方法。第一种方法侧重于纯知识的生产，尤其是解释知识的创造、激励，并且使用经典生产函数（包括技术溢出理论）将知识输入与知识输出联系起来。第二种方法是将知识与区域增长联系起来，这是考虑到当知识产生时，区域经济表现会增加。这是创新和区域增长的概念和应用分析最丰富的领域，包括创新环境理论、学习区域和区域创新体系等。第三种是集中分析一个地区如何将创新转化为经济增长中增加利润的无形能力，这种方法的好处在于分析区域内嵌入的要素，使一个区域能够把握创新创造、激励效应和新知识所提供的机会，并在这些因素的基础上实现经济增长带来的利润增长。这些方法为我们构建云南区域知识资本创新体系提供了方法论基础。

（二）区域知识资本创新体系概念的界定

灵活接受区域知识资本创新体系的概念很重要，因此有必要从理论框架上界定其概念。区域知识资本创新体系可以理解为知识资本在区域层面上聚合的创新体系。广义的区域知识资本创新体系是建立在包括一个区域的所有文化和规则在内的整个创新体系基础之上的，而狭义的区域知识资本创新体系则只关注与技术相关的文化和规则。很明显，一个拥有多种文化和高效规则的区域，创新和利用知识资本，可以比其他区域更快地扩大其经济发展。除了传统的知识生产组织，如大学和研究机构，更广泛的区域知识资本创新体系概念还包括一个区域的综合经济系统，如生产系统、营销系统、金融系统及其次经济系统。

知识资本创新有助于进一步的技术扩散和技术变革。知识资本创新与技术变革过程有关，知识资本创新包括在技术变革过程中发生的所有活动如发明、创新和扩散。知识资本创新可以在所有经济系统中产生，不仅包括重大的技术变革，而且也包括渐进的技术变革。这是一个广义的知识资本创新概念，而狭义的知识资本创新是开发新产品并在市场上成功商业化的唯一活动。

（三）区域知识资本创新体系的核心：合作机制

区域知识资本创新体系的重要性从20世纪70年代中期开始在发达的工业化区域中显现出来，原因各不相同。首先，市场失灵产生了区域知识资本创新体系构建的必要性。新兴企业在市场、资金、管理等方面的信息管理薄弱。这些新的初创企业无法为以经济增长和就业为重点的区域发展做出贡献，因此，有必要建立一个区域知识资本创新体系，以支持一个区域的初创企业。协作在这个过程中起着非常重要的作用，因此，参与合作已经成为一个重要的区域工具，给定的参与者能够相互支持创造、获取和转移知识。知识激励的过程正变得越来越重要——主要是因为它具有为生产过程带来附加值的潜力，然而，这是一个很难记录和分析的过程，它的结果也只能在长期内才能看到。

此外，生产体系从福特主义向后福特主义的转变与社会经济变化有着深刻的联系。以灵活专业化为基础的后福特主义为区域经济发展提供了一种新的范式，低产量生产的多样化导致了大型企业的结构变化，导致了垂直结构的崩溃和企业的结构分散化。因此，以区域和地方文化为中心的中小企业的重要性开始受到关注。为了具有竞争力，中小企业注重建立企业之间的网络和共享学习过程，这是区域创新体系的主要力量之一。

三、知识资本创新体系的主体：区域人力资本

知识资本创新是技术和社会变革的结果，创新的整个过程是一个复杂的活动，这是一个以各种创新行动者的联合活动为基础的长期过程。其中，最重要的核心因素是个人、机构和公司之间强烈的互动意愿，以及这些参与者创造、发展和传播新知识的准备情况。因此，必须积极发挥创新体系的功能，密集建立创新主体

之间的网络，以不断创造新知识。而且，由于创新过程中各主体的角色各不相同，构建各主体之间的合作机制也至关重要。

（一）大学和研究机构

很明显，大学是建立和发展创新体系的主要参与者之一，然而，大学是否是知识互动的起点并不是绝对明确的。在大多数情况下，知识的互动始于消费者和产品供应商之间的关系。大学、研究机构和公司创造和传播新的知识，通过利用新知识，不断建立和发展专业网络，实现知识资本创新体系的优化功能。大学培养专门的研发人才，并通过与研究机构的合作，引导新知识的创造过程。

（二）公司

企业家往往专注于创造新知识，使它们能够商业化，而首席执行官（CEO）热衷于了解新技术是否能够创造市场需求，投资者则主要对其投资的稳定性和盈利能力感兴趣。众所周知，知识的相互作用发生在不同的场合。在知识资本创新体系建立并能够持续发展后，新的资本投资，企业、科学家和工程师的研发活动很容易聚集在一个地区，这种效应称为滚雪球效应，只有这样，知识资本创新体系才能持续发展。为了形成这一体系，在知识资本创新体系中建立合作体系必须从长远的角度出发，不管外部经济形势如何。

（三）区域政府

相关法律制度是影响企业研发活动的先决条件，因此，区域政府的决策者必须为最佳的研发活动提供人力和自然资源，创造理想的商业环境，为区域的新初创企业提供各种激励和支持，并提高当地的生活水平。在主要参与者之间的合作体系中，创新体系可以通过这些主要参与者的适当作用而成长。因此，在主要参与者之间建立网络，并建立彼此之间的密切合作，是知识资本创新的坚实基础。此外，可持续知识资本创新吸引了新的投资资本，成为经济增长的主要动力。

政府在这方面的首要任务是保持其作为创新体系领先区域的竞争力，从而提高研发投资的效率。为此，研发投资必须在创造新知识的创新体系中得到积极利用,此外,创造的新知识也必须更快地转化为产品、服务和流程。

四、知识资本创新体系的主要因素:区域内部结构

建立成功的知识资本创新体系的重要因素是区域内部结构,即研发能力、法律制度、知识资本创新环境和风险投资。这些因素与政治制度密切相关,为建立知识资本创新体系创造了先决条件。

(一)区域政策的支持

地方政府是实施有利于区域经济发展的创新政策的主要力量。在区域创新政策中,大部分政策措施都侧重于提高中小企业的创新能力,而中小企业是研发活动成果的主要接受者。

高科技公司是区域知识资本增长的关键因素。高科技公司既有活力,又能为工人提供高质量和高工资的工作,因此,应采用区域政策和地区政策相结合的方式来刺激创新。区域政策包括技术教育、政府对研发的支持、技术转让和对战略性工业部门的保护,地区政策则侧重于刺激创新措施,如投资、赠款、筹建科技园等。但在现实中,这并不意味着知识资本创新的真正目标只满足于研发活动的结果,相反还包括通过知识资本创新进行技术转让和技术扩散,从而促进区域发展和经济增长。

在区域层面的分析中,创新体系的地理邻近性和相互重叠在知识资本创新过程中发挥了重要作用。由于研发活动投资的结果对区域经济增长的贡献不如其他先进的工业化区域那么大,因此要提高在知识资本创新活动中的资本投资效率。

(二)区域产业集群

集群研究有着悠久的历史背景。首先,乔治·马歇尔(George Marshall)在19世纪末提出,工业区是发展区域经济增长的推动力。根据他的解释,基于企业间新知识扩散、相似产业部门间生产要素专业化、劳动力市场创造等积极外部效应的集聚效应,当公司和类似的工业部门在地理上集中时,可以实现效益最大化。

后来，熊彼特解释说，利用企业现有的资源，为企业的新业务目标实现生产要素的最大化，可以促进区域经济的增长。同时，他强调经济增长的驱动力是建立在企业家精神的基础上的。企业和工业部门之间的相互依赖传播了新知识，而开发新产品的商业化过程创造了作为发展模块的强大网络，这些网络可以通过具有国际竞争力的公司的参与而得到加强。

集群策略不是一种新的策略形式，而是一种合作的策略系统，可以创建多个集群，并为开发这些集群创造条件。因此，这一政策要么是为了加强某一特定集群在一个区域的国际竞争力，要么是为了整个集群区域的战略发展。

在区域一级，区域产业政策必须承担确定新的和潜在的产业集群、拟订系统的产业集群分析和努力加强主要行动者之间的相互作用的全面责任。此外，区域产业政策需要注重专业技能、专业知识和资源的协调，确保集群间协同效应的发挥，提高区域集群的质量。采取的措施包括：推动超越金融、地区、商业、研究、教育、劳动力市场等领域的增长政策，最大限度地利用科研成果对社会的贡献等。区域集群政策对区域产业政策提出了新的要求，区域产业政策必须在不削弱各自职责的前提下紧密地结合在一起。

集群中的变革和潜在增长的压力程度直接关系到新知识创造和利用的有效性和效率，这意味着影响集群的创新体系之间的动态相互作用对集群的长期竞争力具有重要意义。研究密集型的区域集群，如医学、生物技术等，需要区域创新体系的持续支持，以创造和保持其竞争力。然而，同时也要理解，区域集群环境并不总是依赖或隶属于区域创新体系。

大多数成功的集群都应该是在当地基础上发展起来的，拥有自身真实的历史背景。可以说，知识资本创新集群形成竞争力的最重要的因素是集中在某一区域的当地环境。与此同时，集群中的主要参与者为了避免知识资本创新的障碍以增强其竞争力，以及加强集群及周边地区的主体执行战略任务的能力，也会倾向于实施集群政策。因此，该策略是可选的，但这并不意味着集群政策可以与其他政策形式并行，如竞争政策、税收政策和教育政策等。

集群确定了一些一般性要求，这些要求对于形成促进和加强区域经济增长的集群政策至关重要。集群政策需要公共部门的大力支持，其在区域一级创造基本条件方面发挥着重要作用。

五、知识资本创新体系的主要因素：区域外部结构

（一）国家层面的支持

国家层面的创新体系侧重于国内区域间主要创新行为体、创新环境的先决条件、人力和自然资源、知识资本创新能力等方面的区域比较。

此外，国际产业联系的重要性表明，政策应避免过于狭隘地集中于加强地方联系。同时，聚集经济的重要性意味着，增加区域劳动者的技能和专门知识的多样性以及改善基础设施和服务质量的政策，将有助于区域经济的发展。因此，公共政策需要谨慎地调整以适应支撑区域经济的空间细微差别。

（二）以产业集群吸引外部人力资本

20世纪90年代，建立产业集群成为区域发展的一种手段，这是一种面向过程的工作方式，目的是在最大限度上利用一个区域的发展潜力。长期来看，集群可以为现有的参与者创造附加价值，这些参与者可以吸引新的外部专业知识和资源，如外部人员、风险资本和新公司。

集群模式在很大程度上影响了许多区域增长政策。集群的概念包括3个维度：理解竞争力的模型、研究复杂生产系统的分析工具和区域发展的整体视角。第一个维度是对哪些因素使一个地区长期具有竞争力的理论解释，第二个维度描述了一个生产系统在地理上集中的特定结构，第三个维度是与区域增长政策合作的整体方法，建立区域品牌以吸引专业知识、风险资本和公司。集群环境的动态是由以下4个驱动因素所创造的，它们之间是密切相关的：①投资意愿的程度，刺激竞争的存在，以及企业之间战略业务发展的能力；②有充分的机会获得专门技能和适当的材料、组成部分和服务；③专业化客户的存在，其特点是要求高、忠诚和对潮流敏感；④与专业供应商、相关行业、有能力的行业组织、专业教育和研究机构的紧密联系程度。这些驱动因素的程度越大，相互作用越强，变革的压力越大，发展创新的能力越强。

（三）区域学习系统中的局部学习

正如地理学家强调空间邻近性作为企业层面知识交易的决定因素的重要性一样，他们也强调了空间邻近性在描述一个地方的学习机构和能力方面的重要性。如果隐性知识与当地特定的社会环境相关联，那么企业定位和国际化行为将与那些具有有利于高水平隐性知识内容的制度的地方相关联。区域创新系统是有地域限制的学习和创新空间，以社会组织的学习为特征。社会组织的学习是促进地方行动者之间互动和经济协调的制度框架，支持吸收和应用编码化的知识，其重点是在引入外部知识之后成功的学习成果，而不是外部知识被吸收和同化的条件。

不仅要评估外部知识的存在，还必须考虑到当地人力资本在当地环境中采用和应用这些知识的潜力。换句话说就是，在引进外部技术的同时，必须有提高国内技能的制度，以便真正转化为当地的发展能力。在企业的背景下，现有能力与新的外部知识的整合需要围绕吸收能力的4个维度——获取、同化、转化和利用进行。正如企业吸收商业化外部知识或采用新的组织惯例的能力不同一样，地方也是如此。

对于企业，人们主要是看单个组织的积累能力以及创造和保持竞争优势的能力；对于地区或国家，人们必须仰视企业的集体能力，这种意义上的高阶功能是基于特定的地点和背景的。与企业能力不同，更高层次的能力可能不能用于国际市场，因此，并不是任何一种新知识都可以被带到一个地区。新的知识需要与现有的要求和未来的愿望相匹配，且是补充而不是排挤本地的能力。更重要的是，人们必须关注一个地方在促进社会学习过程方面的能力，这有助于吸收外部知识，以及表明该地方的主导文化态度，形成学习偏好和开放的新知识的存在环境（Bastian，2006）。获取和吸收外部知识的能力为潜在吸收能力，而转化和利用外部知识的能力则为实现吸收能力。激发潜在的吸收能力需要建立社会整合机制，这是促进知识共享的常规做法。阿克斯等（Acs et al.，2003）提出了"知识过滤器"的概念——"知识和经济知识之间的楔子"——以描述行动者将潜在吸收能力转化为已实现产品的传播机制。某些公司和机构可以充当"知识平台"，以替代知识过滤器的功能，通过规范外部联系，确保非"看门人"企业能够获取和吸收区域内更大、联系更紧密的企业带来的外部知识（Lazaricet al., 2008）。

（四）知识和学习的制度性决定因素

1. 机构接近

机构的形成与被人的行为和互动所塑造，这些因素的特殊性因地而异，反映出不同的机构环境，学习和创新能力不均衡（Storper, 2011）。地理学者研究了地域机构在促进或限制企业知识交换方面的作用（Hughes, 2007），从这些角度来看，制度邻近性比空间或组织邻近性更被强调为知识地理分布的关键决定因素——区域或国家制度框架限制了企业的战略和实践，从而调节成功交换隐性知识所必需的当地社会环境。人们越来越感兴趣的是，国家机构结构的差异导致了各国之间工作文化和创新能力的差异。此外，区域还通过贸易、投资和移民政策在吸引国际知识方面发挥关键作用，并为外国生产要素的进入设定条件。

可以明确的是，在地方背景下监管全球知识的权力仍然是一个区域层面的现象。虽然国际公司可能成功地采用东道国的商业实践或工业模式，但知识转移的制度约束严重限制了这些实践的应用，因此，全球企业学习的结果不是以牺牲区域差异为代价的商业实践的趋同，而是相反，混合工业模式出现了，其中包含了母国和东道国主导的商业实践。社会和制度环境被认为是成功实现知识转移的决定因素，这里的"环境"主要指知识传递的空间，重点在于知识的流动和使这种流动变得可理解或不可理解的制度因素。

2. 学习机构

学习包括以实践或经验为基础的学习、通过采用新技术来提升技能、对技术表现的反馈监测以及通过雇佣来学习，各种类型的学习是技术能力的基础，进而是经济发展的基础。一个区域特定的制度环境是如何制约学习能力的？最基本的是，我们可以区分更大规模、正式的社会机构和更多基于区域的非正式机构（Farole et al., 2011）。首先，社会机构如教育和培训系统、劳动力市场和职业结构，在外部知识被引入之前，或者在空间或关系接近成为一个问题之前，就已经形成了学习潜力和学习过程。一方面，教育和培训制度可以使某些类型的知识优先化和合法化，通过专业化和认证使技能形成制度化，并在这一过程中创造社会等级。另一方面，劳动力市场和职业结构决定了个人和集体学习的汇流空间，学习策略和优先事项在这里最终得到实施，其结果也在这里得到体现。不同形式的组织学习产生于一个地方独特的教育系统和劳动力市场结构的制度联系。其次，除了"硬"的组织和社会制度外，学习还需要"软"的非正式制度。虽然正式的机构对社会学习是必要的，但更重要的是，这些正式的机构需要惯例来发挥作用；正式机构所提倡的规则和激励结构必须得到承认，并纳入行动者公约，以便成功地发挥作用。公约是用来指导生产过程中参与者的行动，通过协调用户与生产者的互动，促进信任与合作，减少了不确定性，促进了集体学习过程。正是通过在地理范围内的约定中产生的共享社会环境，技术学习才会发生。

第三节　区域知识资本产业集群分析框架管理策略

生物技术是利用有机体、细胞或细胞成分等生物过程发展起来的一种新技术，生物技术学家开发的新工具和新产品在农业、工业和临床中应用广泛。生物医药对决策者特别有吸引力，因为它与"知识经济"相关联，通常被认为是一个增长行业，有可能重新定位国家和区域经济竞争力，因此，一直是一些国家政府机构和地方经济发展机构关注的主题。本节基于区域知识资本的产业视角，根据戈登和麦肯（Gordon & McCann，2000）提出的3种理想类型的产业集群理论和知识资本的三要素结构构建了一个区域知识资本产业分析框架，探讨了生物医药和大健康产业集群，从区域人力资本、区域内部结构和区域外部结构3个方面提出管理策略。

一、研究背景

（一）国家政策助推生物医药产业

作为最早最重要的人类发祥地（元谋人）之一和生物王国，云南省因其独特的历史和文化，以及以生物医药为代表的经济转型实践，一向具有鲜明的区域形象。毫无疑问，对集群的支持特别是生物医药产业在云南区域经济和产业政策讨论中占有重要地位，这已经反映在一系列令人印象深刻的政策措施中，这些措施旨在创造一个制度上的"软"环境，使生物医药产业能够蓬勃发展。由于生物医药在知识驱动型经济中的潜在作用，促进生物医药集群发展已成为国家和区域经济发展战略的优先事项，从国家层面到区域层面都制定了一系列的措施和战略。

中共中央、国务院强调，产业集群可以通过增强企业竞争力来提高区域经济的绩效，从而促进增长、就业和生产率的提高。2015年以来，中共中央、国务院在国家层面加大力度展开布局生物医药和大健康产业。2016年5月19日，中共中央、国务院发布的《国家创新驱动发展战略纲要》强调，"发展引领产业变革的颠覆性技术，……重视基因组、干细胞、合成生物、再生医学等技术对生命科学、生物育种、工业生物领域的深刻影响，……"。

2016年10月25日，中共中央、国务院印发的《"健康中国2030"规划纲要》从国家战略的高度，提出"建立起体系完整、结构优化的健康产业体系，形成一批具有较强创新能力和国际竞争力的大型企业，成为国民经济支柱性产业""发展专业医药园区，支持组建产业联盟或联合体"，进一步勾画了打造健康中国的美好蓝图，成为继互联网之后的又一经济发展引擎。

2017年5月26日，科技部等六部门发布的《"十三五"健康产业科技创新专项规划》中提出，健康需求成为驱动未来经济增长的"核心驱力"，医药产业在重塑未来经济产业格局中的引领性作用和支柱性地位不断增强，为此，要建设一批健康产业专业化园区，培育一批具有国际竞争力的健康产业优势品牌企业，引领健康产业集聚发展。

2018年12月18日，农业农村部等三部委联合印发的《全国道地药材生产基地建设规划（2018—2025年）》中提出把云南等省（市）建成西南道地药材[①]产区，中药材种植面积约占全国的25%，到2025年，建设道地药材生产基地670万

---

① 道地药材是指经过中医临床长期应用优选出来的，产在特定地域，与其他地区所产同种中药材相比品质和疗效更好且质量稳定、具有较高知名度的药材。

亩以上。

从区域经济的角度来看，云南省发展生物医药和大健康产业是本区域建立现代化经济体系的重要举措。从知识资本的角度来看，发展生物医药和大健康产业更是提升人力资本的重要手段。

（二）生物医药的发展历程

生物医药有着悠久的历史，其根源常常可以追溯到食品和饮料的发酵这些活动。现代生物医药的兴起与第二次世界大战期间抗生素的出现有关，后来在产品和服务等一系列过程中出现了应用生物体的实际技术，可以改变产业的商品和服务的广泛潜力。

然而，就产业成熟度和生命周期而言，目前生物医药仍处于早期阶段。它通常服务于五大主要市场——医疗保健、化工、动物医药、食品/农业和环保行业，此外，还包括一系列与生物医药产业密切相关的服务、创新支持机构等。以下这些关键的因素挑战了该行业，包括：①高成本、高风险和漫长的"市场理念"过程带来的高进入壁垒；②从药物开发的临床前阶段到最终批准阶段，通常需要8年时间；③国内和国际规模的合并和收购，例如制药市场由少数跨国公司主导；④产品多样化的压力，以尽量减少风险；⑤政治敏感性及公众对业界的怀疑态度；⑥不断变化的人口结构导致对治疗和诊断开发的需求不断增加；⑦技术融合；⑧新业务形成的重要性和对"生物分析师"日益增长的需求；⑨知识产权法规在知识转移和科研商业化中的意义。

（三）问题的提出

进入21世纪以来，产业集群概念作为区域经济发展的"灵丹妙药"得到推广，这一概念在理论和实证研究上均与区域产业集群有关，得到了学术界、政策制定者和评论家的广泛关注，产业集群思维引起了管理学、经济地理学、知识管理和城市研究等领域的广泛探讨，例证了产业集群的存在，以及产业集群在区域经济中发挥作用的程度。

集群方法是基于这样一个前提：在知识经济中，集群可以提供经济竞争力的关键因素。这种方法聚焦于3个主要的驱动因素：竞争力（生产力/效率）、创新和新公司的形成/商业化。这种方法有助于发展强大的国家和国际集群网络，并提高对区域作为特定关键产业卓越中心的认可。以生物医药和大健康产业为首的区域经济发展框架反映了该区域经济增长从量到质的转变，不再是强调以低成本优势、低附加值和劳动密集型活动为基础吸引外来投资的战略，出现了一个试图纠正生产力、竞争力和创新的问题。以知识为基础的产业尤其是生物医药的吸引力在不太受青睐的地区尤其明显，它有潜力使这些地区走上经济发展的"康庄大道"，为更高的增值活动和生活水平做出贡献。正如一位公司高管在受访时所言：我们无法通过低成本或低技能的劳动力来竞争，我们必须促进我们最具创新性的企业，鼓励员工发展他们的科学和技术思想。我们的生物医药集群在这方面发挥着关键作用，它的创新有助于推动知识经济，创造财富和高质量的工作。

对生物医药的支持在这个框架中占据了重要的位置，该产业似乎在强调集群作为"实体"的重要性，在政策话语中扮演着象征性的角色，通过生物医药和大健康为首的产业集群，区域经济可以显现出更大的创业活力和创造力，促进更高程度的科研商业化和创新，并在关键领域取得全国乃至全球的成功。

虽然集群理论和政策方法已经产生了相当大的影响，但对集群的空间性质、特征和动态的理解还不够清楚，特别是对于产业集群与区域经济变化之间的关系需要做进一步的理论和实证研究。例如，区域在产业集群发展中发挥了重要作用吗？是否存在可能支持或阻碍产业集群发展的区域特征？产业集群对区域经济发展的贡献潜力有多大？另外，我们从区域知识资本的结构方面和区域经济产业视角，提出了几个相互关联的问题：推动生物医药公司在其所在区域发展的主要过程是什么？区域环境对这些产业的区位和竞争力起着怎样的作用？区域内部联系与外部联系之间的平衡点是什么？

本节对以中国中药滇中新区产业园、国药中生生物制品产业基地为代表的云南区域生物医药和大健康产业园区，以云南白药为代表的医药公司管理人员，以及该产业科学基地的专家、高等院校研究机构和经济发展机构的政府主管进行了20余次访谈调研。访谈内容包括生物制药产业、制药公司创新的来源，本地和外部联系的范围，劳动力的招聘来源，以及政策的有效性。还有一些数据和信息来自各级政府工作报告、科技部、农业农村部、国家药品监督管理局、国家中医药管理局等相关部门的通知等政策文件，以及媒体报道、行业咨询报告、市场分析和公司声明等。

二、生物医药产业集群的区域知识资本三要素分析框架

（一）对迈克尔·波特集群观点的批判

迈克尔·波特（Michael Porter）关于产业集群经济效用的著名论点是集群分析的出发点。迈克尔·波特将集群定义为相互关联的公司、专业供应商、服务供应商、相关行业的公司和相关机构在一个特定领域中既竞争又合作的地理集中（Porter，2000）。其基本论点是，表现出集群趋势的区域可能更具经济竞争力，因为集群能够促进创新、提高生产力和持续的就业增长率。

然而，其观点的不足之处在于，对促进空间聚集的具体过程、聚集过程运行的各种空间，以及区域经济发展的外部关系的重要性和程度等因素描述的模糊性（Martin & Sunley，2003）。这样面临的一种危险是，这种含糊不清的情况会变成狭隘的政策公式，试图模仿和引进其他区域貌似成功的集群发展模式。

（二）3种理想状态的集群经济

然而，产业发展轨迹具有相当大的多样性，在某种程度上需要根据不同经济部门的空间和历史特点来看待产业集群发展。戈登和麦肯（2000）提出了3种理想类型的产业集群，作为捕获产业集群的空间性和支撑产业集群发展的地理动态方法。

第一类是聚集经济（Agglomeration Economies），它强调由于企业的地理集中化而产生的经济效用，如降低成本、提高效率等。其好处包括区域专业劳动力的发展、共享投入的供应，以及信息和思想流动的最大化。阿尔弗雷德·韦伯（Weber Alfred）最早以系统的（尽管是相当限制性的）方式提出聚集经济的概念，无论是从理论性质还是从经验性质上来看，都已被证明是产业区位分析的一个重要特征。这很大程度上依赖于伯蒂尔·俄林（Bertil Ohlin）提出的聚集经济的分类。埃

德加·胡佛（Edgar Hoover）在《区位经济学导论》中将经济称为规模经济（Scale Economies）、地方化经济（Localization Economies）和城市化经济（Urbanization Economies）。随后瓦尔特·艾萨德（Walter Isard）对此进行了详细讨论。城市化经济指的是由于基础设施、机场、服务和教育机构等各种城市资产的存在所产生的优势，这些资产有利于广泛的经济活动。而地方化经济与专门服务和技能组合的地理聚集有关，它确定了特定行业或部门的优势。一般认为，区域所享有的聚集经济可以分为内部经济和外部经济，每种经济都可以从规模、范围或复杂性等方面加以考虑。

第二类是工业综合体（Industrial Complex），其特征是企业之间相对稳定的贸易联系，其中普遍存在着地方化的向后和向前联系。空间集中可以使交易成本最小化，并提高运输和通信手段的质量。面对通信技术的变化和发展，即时制生产（JIT）和其他一些灵活生产方法的出现，缩短了经济部门中供应商和客户之间的空间距离。与更分散的传统聚集经济相比，工业综合体的特殊优势表现为企业之间联系的更高的连续性、稳定性、可预测性和规划程度，这使得企业在其战略决策中建立了长期视野，投资于劳动力和机械，从而加强其在市场上的竞争地位。

第三类是基于格兰诺维特（Granovetter，1985）等一些经济社会学者研究基础之上的社会网络模型。该模型重视企业和相关机构之间的密切合作和信任，克服市场失灵，分散风险，通过合作促进创新和学习。地理集中对这种合作关系的发展和维系有重要作用，因为信任是由区域的共同身份、历史传统和空间邻近性加强的。

（三）区域知识资本三要素结构的视角

戈登和麦肯提出的这3种理想类型的集群经济关注的是推动区域关系的持续增长，结合知识经济时代的特点，需要把这3种理想类型的集群经济与知识资本三要素（区域人力资本、区域内部结构和区域外部结构）结合起来，以支持云南区域医药产业集群的动态化发展。

1. 区域人力资本：区域劳动力市场的发展必须是连贯和可持续的

人力资本在解释经济发展的区域差异方面至关重要，总体人力资本的增加提高了区域的实际产出，而平均人力资本的增加提高了潜在产出。区域劳动力市场的发展必须是连贯和可持续的经济发展战略的结果，必须对中期的经济结构和劳动力需求有明确的认识。劳动力市场是应对区域一体化和经济危机等宏观经济冲击的重要调整渠道，区域就业的变化可以通过劳动力参与的变化、失业的变化或劳动力迁移的变化来适应，劳动力市场均衡是由企业的劳动力需求、代表性家庭的参与决策、与失业有关的工资曲线和区域间的劳动力迁移决定的。经验表明，区域就业机会的变化主要是通过个人参与决策的变化而引起的，而不是移民或失业的变化。此外，重要的是要区分密集和广泛的参与幅度。如果参与率的变化发生在密集边际，劳动力只需调整他们的工作小时数，失业就不会受到影响。然而，对于给定的就业水平，在很大程度上个人的边际参与决策确实会改变失业状况。

2. 区域内部结构：区域经济的路径依赖性和公共部门的支持

（1）区域经济的路径依赖性。

以前的模式聚焦于经济联系的"快照"，因此从本质上来说只是一种静态的分析，换言之，它们忽视了区域经济变化的历史和路径依赖性。学者们通常以政治科学的历史—制度视角描述路径依赖，这种视角背后的理论是，制度的变化比预期的要少，并限制了发展。路径依赖关系可能是由于成本影响而无法或不愿承诺更改的结果，围绕工厂建造的城镇就是路径依赖的典型例子。理想情况下，由于各种原因，工厂应该远离居民区，然而工厂往往是先建起来的，工人的住房和便利设施也建在附近。将一个已经建立的工厂迁走成本太高，即使它位于城镇郊区会更好地服务于社区。

现有的产业结构反映了惯性的力量、以前的投资决策、某些技能的逐步创造和区域专业劳动力市场的潜在发展，以及历史偶然出现的"意外"机会。对创新的研究和对经济进化的研究表明，创新往往是一个累积过程的结果，在这个过程中，区域的能力严重依赖于过去的遗产、机会发现、组织开发和探索，以及区域经济史上的关键时刻。

（2）公共部门的支持。

公共部门的投资和公共政策在支持（或阻碍）集群增长方面的作用，特别是公共部门的支持在推动区域走上特定的经济发展轨道方面发挥的关键作用，解释了区域和集群发展之间的关系。例如,政府部门领导的实验室和研究机构、主要医院和重点大学在为生物医药的集团化增长提供技能和科学基础方面可发挥特别重要的作用。

虽然这不是集群成功的充分条件,但它仍然赋予区域重要的物质和社会基础设施,使集群的条件更加有利。公共部门的支持在生物医药集群的发展轨迹中发挥了重要作用,影响了其规模、科学专业知识、研究能力、声誉、时间和地点。

3. 外部结构：国际范围的联系与区域联系同样重要

在关于集群的讨论中,有一种过分强调局部关系作用的倾向。对于像云南省等相对较小和受影响较大的区域经济体,需要考虑外部联系的重要性和可能的影响。对某些集群和产业部门来说,具有外部省际乃至国际范围的联系与区域内部联系同样重要,甚至更重要。

如果一个集群的生产者、服务商与研究设施提供的产品和服务的主要客户是一些跨国企业,那么区域内公司的业务战略就需要建立具有"国际范围"的网络和联系。因此,需要通过关注生产链的空间组织及其可能的影响来分析区域集群经济。一方面,外部控制可能会限制区域内部公司的能力,使它们容易被接管、收购和合并,从而增加了区域对流动资本控制的脆弱性。另一方面,融入国际生产网络有助于企业渗透市场、获取资源、实现内部规模经济和范围经济。

三、基于知识资本要素的区域生物医药产业集群管理策略

如前所述,区域知识资本包括人力资本、内部结构和外部结构3个要素。就区域生物医药产业集群来说,人力资本主要指区域劳动力的供给,内部结构主要指区域内企业的社交网络,外部结构主要指区域与外省乃至国际的生产、贸易、科技等方面的联系。

（一）人力资本管理策略

在生物医药产业中,聚集经济是最重要的成功因素。区域的高等院校应为生物医药和大健康产业提供大量受过良好教育的高素质劳动力,大学和公共部门作

为卓越研究中心和受过良好教育的科学家的提供者，在提供对生物医药产业至关重要的科学基础设施方面的作用显然是重要的。其作用可以分为实质性影响和声誉影响两个方面。通过科学研究培训高质量的科学研究人员，派生出技术、想法和专门知识，以及接收和分配研究经费，可以产生实质性的效果。同时，声誉影响也不应被低估，特别是对处于早期成长阶段的集群而言，云南白药等关键品牌的存在所带来的"光环"和声望，帮助区域的生物医药"潜伏"在了商业合作伙伴、供应商、客户和投资者的地图上。

与此同时，区域生物医药和大健康产业的萌芽性质意味着，聚集经济本身不足以在一些职业中提供足够数量的熟练和有经验的劳动力。对于许多公司来说，"刚从大学毕业的人"并不具备相应的经验，尤其是在管理能力方面。例如，即使在科学方面，一些公司在招聘有经验的技术人员方面也遇到了困难，不得不将招聘范围扩大到区域以外的地区。此外，许多生物医药公司都非常专业化，这意味着一般的技术知识不足以满足它们的需求。

虽然这一担心可能使人怀疑当地区域公司是否有能力和意愿投资于劳动力培训，但它也指出了与一个萌芽的集群成长有关的困难：缺乏质量意味着有经验的劳动力的供应是有限的，而潜在的技术劳动力可能认为该区域在生物医药方面提供的职业机会不足。

根据公司的成熟度、发展阶段和专业化领域，劳动力的征聘和保留是一种不同的经验。相对于刚刚建立的新公司，那些在产品生命周期、资金来源等方面处于更高级阶段的公司，其主要的优势是已经雇佣的劳动力质量。由于劳动技术含量高，对公司的竞争力有重要价值，因此对员工流动率有很高的重视。在某些情况下，留住长期工作人员是公司生存和保持竞争力的一个基本因素，这反过来又具有区位影响，因为这些公司的地理位置是一项重要的资产和相当大的竞争力来源。正如一位受访高管所说："在我们的50名员工中，大约有15人在公司工作了8~15年，拥有很丰富的经验。我们很幸运，尽管我们已经经历过很多动荡时期，但一些关键员工留在公司，能够利用他们的经验以确保我们的产品质量，和以正确的方式帮助训练新人……我们最大的优势就是我们的团队。"

大学毕业生的供给和高质量，较低的管理成本，良好的交通条件，以及公共部门的支持，都是公司选址决策的重要因素。尽管聚集经济在提供大量合格劳动力方面发挥着重要作用，但它们并不能反映一个区域的全部情况。对于一个区域来说，技能水平是一个重要的"分类"机制。在大多数情况下，清洁工人和服务提供者等低技能劳动力是在当地招聘的。然而，对于技术水平较高的劳动力，特别是在尖端研究和生物医药领域，招聘的范围远远超出了当地劳动力市场。

在某些情况下，对于已达到一定的成熟度和专门知识水平以及相对可靠的资金来源的公司来说，招聘工作应该是国际性的。在这些情况下，寻找质量最好的劳动力意味着人力资本的国际竞争。因此，公司的招聘地点并不总是与当地劳动力市场的动态密切相关。一些研究提出了对过热的当地劳动力市场可能产生的影响的担忧，认为当地劳动力市场对合格劳动力的需求超过了供应（Turok & Bailey，2003）。然而，在生物医药方面，虽然在一定程度上抑制了在区域应聘人员的能力，并增加了劳动力的总成本，但这并不被认为是具有区域竞争力的公司的主要因素。对这些公司来说，生物医药市场的竞争是国际范围的，因此在薪金水平上的竞争是与世界各地的可比地点进行比较的。

此外，基于教育机构和企业之间的协议运作，学生就业计划以更低的成本促进科学专业知识的利用。然而，紧张的房地产和劳动力市场可能会影响早期成长公司的长期竞争力，因为他们中的许多人无法支付额外的费用来补偿较高的生活成本。早期的创新型生物医药公司必须依靠其工作的质量和性质，特别是在尖端生物医药、临床和治疗研究领域，以吸引和留住技术熟练的员工。换言之，区域生物医药产业应该依靠知识资本的挑战来吸引劳动力，而不仅仅是高工资。

虽然专业知识是生物医药公司业绩的一个重要组成部分，但它不是有能力保持其竞争力的充分条件。在一个高度竞争的市场中，利用科学以及从科学专业知识中获得商业利益的能力是至关重要的。重要的不仅仅是拥有科学，甚至是最初的或原创的想法，而是之后如何利用科学。从大型制药公司的角度来看，它们只对一件事感兴趣：这种产品有市场吗？它有用吗？它们不太在意背后的技术，也不会真正关心你是不是一个"先锋"。研究和科学人员的技能是生物医药公司竞争力的重要来源。生物医药集群的创新倾向于由公司内化，因此依赖于内部的科学专业知识、管理策略和公司实践。对一些公司来说，这意味着对其研发人员的

"特殊待遇"，以使其具有一定的灵活性，尽管这必须与公司创造足够收入的能力相平衡，以维持生存，并使创新实践具有"商业意义"。正如一位生物医药经理所说，肯定会给予研发人员尝试的自由，但必须有一个商业终点。有一个例子，我们使用胚胎干细胞，我们知道可以转化为其他类型的组织或器官……这是一个令人兴奋的领域、（机密）技术的一个分支。一位技术人员说："这是一个重要的研究领域；我们需要在这个领域有一个研究项目。"我说，"那很好，但我想要一个终点，我们正在尝试做什么？"他做了一些案头工作，并得出结论，最终的目标是将这些干细胞转化为产生胰岛素的细胞。所以，至少我们现在知道我们正在从 a 开始，并试图到达 b。他的作品有目标、有重点，如果我们做到了，就会有巨大的市场。所以做这项工作必须有商业上的理由。

由于生物医药产业高度不稳定的性质，存在这样一种危险，即具有研究专长的公司最终将仅仅成为或多或少标准化药品的合同制造商，从而失去它们的前沿科学研究和创新能力。

（二）内部结构的管理策略

1. 区域身份

区域身份的"软"地理因素，以及充满活力的区域形象是显而易见的，正如一家生物医药公司的创始人评论道："在这里做生意关乎你生活和生活方式的其他'部分'因素，这并不一定关乎它是否适合你的企业的位置。"

生物医药园区的特殊优势与企业在提供服务方面，是吸引外来劳动力的一个特殊原因。由于生物医药产业的敏感性，在安全和安保问题上会给予足够的重视；具有可达性、充足的商业空间和定制设施（如实验室）的可用性，以及一些与科技园的声望和形象有关的因素，被认为是有吸引力和令人愉快的工作环境；靠近相关活动的企业（主要是技术导向的公司），有助于形成"感觉良好"的因素。

同样，在园区提供一个有吸引力的工作环境至关重要。有的时候它们位于城外的位置被视为一种劣势，不仅因为加强了对汽车的依赖，还因为目前这些都是孤立的绿地开发项目，与购物设施和其他城市服务相隔离，而这些在城市位置则随时可以获得。不过，这种相对隔离的重要性不需要夸大，因为员工大多对通勤到新的郊区地点感到满意，此外，这些产业园区周围逐渐发展的零售业增加了其场地的吸引力，并在一定程度上改善了其相对孤立的状况。

当然，一个重要的问题是，这些生物医药公司和机构在地理上的接近是否会产生实际的利益，并在一系列研究开发、分享经验等活动上有更密切的合作，在化学品、生物剂、原材料等方面对该产业的供应商具有更显著的优势。对此，最明显的是，供应商将会受益于将大量客户集中在几个关键地点，从而节约分销成本。而令人惊讶的是，这种集群效应的好处即使是在知识密集型行业，似乎也仅限于服务和基础设施的实用问题，并没有产生强大的社会网络效应，尽管这种效应有明显的潜力。

2. 区域社交网络

集群中区域内社交网络的范围和意义是有限的，这在一定程度上反映了集群早期成长阶段的特点。在这个阶段，许多公司专注于自己的生存，没有能力将大量资源分配给非正式的互动，缺乏关键的质量（也就是说按绝对价值计算），产业的规模相对较小，也限制了区域内社交网络发展的机会和经济基础。因此，尽管一些社交网络活动发生在区域层面，但生物医药产业集群中的大多数参与者并不认为区域层面具有足够的重要性，足以保证稳定和持久的非正式社交网络。

虽然大多数公司都指出，它们是某某协会的成员，定期和零星地参加由主管部门领导的联网活动、联合培训和座谈会，但这些对集群的整体业绩和活动似乎意义不大。限制本地化社会互动和合作的主要因素与区域生物医药产业的碎片化、高度专业化和萌芽性质有关。用一位董事总经理的话来说：困难在于我们都在做不同的事情，我们很难在集群中讨论激发创新的本土化合作形式，但人们肯定地认识到，生物医药在技术、专业知识、产品和劳动力方面的多样性阻止了那种可能困扰其他地区的残酷竞争。

尽管如此，在这方面，企业可能最终会发现更容易建立信任和协作学习的关系，在这种关系中社交网络可以持续下去。感知问题在社区建设过程中扮演着重要的角色，这可能会支持生物医药产业集群中更强大的区域社会网络的发展。

生物园区内的社交网络的意义是双重的。首先，区域的社交活动有助于解决并纠正区域内专业知识不容易获得的市场缺陷。受访者认为特别重要的是提供关于培训、商业管理专业知识和产品开发过程的教育服务。此外，作为技术中心的一种营销方式，现有网络机构特别强调促销问题。因此，现有的本地化社交网络与鼓励和加强作为潜在创新因素的社会资本关系不大，更多的是与经济发展努力程度有关，由此生物医药公司对网络活动和支持机构往往持怀疑态度。更根本的是，社会网络的空间性是由产业联系的逻辑和地理驱动的，因此，外部联系比本地联系要重要得多。

此外，一些业内人士认为，建立本地网络的努力是错误的，因为它们不必要地分割了一个已经很小的行业。商业网络和行业协会的重要性仍然被认为是针对于政府监管的游说努力，而不是支持基于信任的公司间的合作。不过，尽管本地协作社交网络的证据有限，但它们仍然以各种特定的形式存在。

3. 区域社会关系

有助于公司生存的一种区域社会关系形式是风险投资者，他们在新公司管理中提供建设性的服务，并对商业战略提供建议和专业知识。一些调查表明，这种情况正在发生，特别是新成立的公司积极反映了风险投资家在提供宝贵建议和经验方面的作用。

另一种区域社会关系形式是旗舰科技园区。在聚集经济的背景下，已经提到了旗舰科技园区的发展。有趣的是，这些园区的发展也被设想为当地社交网络的出现提供制度支持。重要的是，它还向市场发出了"更柔和"的信号，可以帮助区域产业界和学术界在合作方面树立一个严肃的形象，这不仅有利于促进商业化，还可以吸引世界上主要的制药和生物医药公司的流动投资。

（三）外部结构的管理策略

影响生物医药动态的关键市场、金融、技术和监管驱动因素往往是非本地区域的，包括金融市场的动荡状况、战略联盟的增长、国际规模的合并和收购，以及基因组研究和药物批准相关法规等。因此，尽管在集群和产业环境文献以及政策框架中，对于创新系统背景下局部联系的优势已经做了很多研究（Gertler，2001；Oinas & Malecki，2002），但来自一些生物医药实证案例的证据表明，在某种意义上这种联系相对薄弱（Cooke，2001）。其中一个特别的方面是大学与产业的关系，尽管许多企业起源于大学和研究机构，但在研究和科学合作方面，企业与其"发起者"之间并没有明显的持久的牢固联系。可以肯定的是，医药公司使用了一系列的大学分析服务如扫描设备和实验室设备来测试样本，但在很多情况下，其研究与大学的联系是薄弱的。

虽然一些当地企业为研究生提供资金，但这种做法并不普遍，主要是因为这些企业没有支持此类活动的资源。事实上，在某些情况下，部分当地公司在应对财政压力时停止了对大学研究人员的支持，他们认为这些活动对其经营来说是次要的。

然而具有讽刺意味的是，外部联系可能有助于加强当地研究机构和企业之间的联系，从而巩固产业集群的外部结构。"科学基地"与其潜在用户之间的区域化联系的有限意义源于多种因素的组合。在一个萌芽的集群中，最典型的是企业财务资源有限，其他因素包括大学的研究战略和当地企业的需求之间的非兼容性。据研究人员与大学管理人员和公司代表的面谈显示，主要的研究机构在国际市场上竞争的是基础科学研究成果的生产，而这些生产并不总是立即适用于新兴生物医药公司的研究需要。此外，大学认为它们对当地经济的贡献不一定是通过与当地产业的直接联系，而是通过其吸引高质量研究人员的能力，以及从各种来源（包括与当地没有直接经济联系的跨国制药公司）获得研究收入的能力。知识产权、许可和激励学术人员建立初创公司的问题也被认为是加强大学和企业知识流动的障碍。

虽然区域内的产业联系整体薄弱，但一些投入主要来自区域内，特别是对比较敏感的运输成本的投入。而且出于质量的考虑，诸如化学品、溶剂以及文具和最基本的用品，往往尽可能在当地采购。然而，一些具有高附加值和特殊的原材料则来自国际，包括美国、日本和德国。一个特别的问题是关于当地生物医药公司与其主要客户和最终用户（通常是跨国制药公司）之间关系的性质，这些关系往往是相对稳定的，这是产品开发过程的一个非常大的时间跨度函数。

不过，关系有时也会破裂，主要是在产品失败的情况下，最典型的是药品，要么是由于未能通过监管要求，要么是由于未能履行职责。大型制药公司明白，一定比例的产品在进入市场之前就会失败。小型生物医药公司的问题是主要依赖于少量的产品，在许多情况下是单一的产品，需要持续的资本流动来维持进一步的研究、开发、试验和投资。

调查中发现，许多这样的公司仍在亏损经营好几年。然而，成功也会带来不确定性：一家上市公司可能会被一家更大的跨国制药公司收购，这可能会给一家生物医药公司的位置、规模和未来功能蒙上阴影。在实践中，收购意味着丧失企业战略控制权，正因为如此，对于一个尚处于萌芽阶段的集群来说，一个特别困难的问题是依赖全球力量的良性循环。作为药物的开发商和制造商，其他的发展场景还包括生物医药公司演变成制药供应链上的小型但重要的参与者。

试图判断哪种情况更有可能发生需要一种推测，这依赖于对过去的事件进行仔细评估。目前生物医药集群高度专业化的性质对公司在国际生产链中发展和确立其地位的方式有很大影响。换言之，向区域生物医药产业这样的萌芽集群提供了一个密切观察产业变化的路径依赖性质及其空间基础的机会。

因此，从产业联系的角度来看，局部空间聚集效应普遍较弱，推动该行业的竞争和增长与当地因素没有多大关系。直接竞争对手的数量，无论是在国内还是区域内都是边际的。在大多数情况下，竞争对手分布在国际范围内，因此在刺激创新的地方竞争方面几乎没有什么影响。在某些情况下，当地公司可以从真正国际化的竞争和公司间竞争的趋势中获益。例如，近年来有几个潜在的竞争对手退出了市场，使得它们在全球范围内只剩下少数几个竞争对手。正如一位高管欣然承认的那样：我们发现自己处于一种幸运的境地，客户正在四处寻找他们可以依赖的供应商，而且越来越多的客户来到我们这里。

外部联系而非本地联系的重要性对发生在区域生物医药集群内的创新过程有很大影响。地理邻近性很重要，因为它促进了企业和相关机构之间的信任和互惠。然而，区域生物医药产业与当地区域联系薄弱，这意味着创新对当地互动或竞争的依赖程度不如预期。相反，公司的创新能力和竞争力在很大程度上取决于复杂的内部科学专门知识、管理技能、获得资本的机会和有利的市场条件。

另一方面，制药公司的未来产品很大程度上依赖于小型生物医药公司。这主要是由于科学家更倾向于在较小的机构工作，在那里他们的研究专长和想法构成了公司创新能力的一个相当大的因素。一些受访者认为，小公司比大公司更容易利用创新思想和专业知识。

生物医药公司的显著专业化及其潜在的创新能力提供了足够强大的拉动因素。下面是一位高级经理的典型评论：这不是问题，因为除非你对我们公司的愿景和理念感到兴奋，否则你无论如何都不会在这里找到工作。没有其他公司能像这样。

因此，当企业能够找到市场定位，专注于被大型制药公司或其他生物医药的竞争对手忽视的地区，他们就会受益于吸引高技术研究人员的能力以及创新性和特定的公司提供的"独特的科学"。

另一个问题涉及在合理的地理邻近范围内能否获得风险资本和资金来源。风险投资行业经常被认为是生物医药的制约因素，然而，对于本地融资来源相对薄弱是否成为企业增长的阻碍因素，还存在一些不明确的地方。事实上，在相当多的调查者中，人们认为获得早期融资并不是限制公司发展的主要因素。正如一位经理所说：在我加入这家公司之前，我对运营的这个小型生物医药公司所面临的障碍的看法是完全错误的，因为融资并不是问题。如果你有足够好的想法、足够好的技术和足够好的团队，你就会有足够的钱。

然而，投资者和新成立公司之间的看法和期望之间的差距是需要给予特别关注的。资金来源往往是短期的，而且往往需要比生物医药更快的回报。它们在本质上也是周期性的，例如，当前的金融市场危机就造成了筹集资金的严重困难。生物医药行业通常需要长期的大规模、持续的投资，"资金需要耐心地资金"。这里有"资助窗口"，但这些窗口通常与科学发现的时间不一致。正如另一位生物医药企业家所解释的那样，为新的厂房和设施提供资金可能成为一个严重的问题，因为投资界往往以怀疑的眼光看待资本投资："为一家亏损的公司提供实物资产融资是真正的困难，尤其是考虑到股东的看法和期望"。

在本研究已确定的3种理想类型的区位因素中，聚集经济发挥着最重要的作用。国内外拥有大量和多样化的熟练劳动力和高素质的大学毕业生，基础设施在企业提供共享服务方面将发挥重要作用。同时，产业集群的规模较小意味着本地化经济较弱，在激发活力和创新的地方竞争方面尚有很大潜力。作为一个地理因素，社会网络的范围和有效性都是相对边缘的。这部分是由于集群的萌芽性质，部分是由于许多公司专注于生存的结果，部分是由于缺乏企业间合作的根深蒂固的文化。然而，也有一些变化的迹象——尽管是有限的——各种机构成为当地社会互动的论坛。

产业复杂维度似乎是上述3种理想类型中最弱的区位因素。事实上，大多数贸易和产业联系往往是外部的，在许多情况下甚至是国际的，因为产品、研究产出和技术的主要客户往往是跨国制药公司。这些跨国公司可以很好地利用国内外高质量的劳动力、研究能力和产品，以及所提供的资本、市场渠道和范围经济效应等。因此，管制问题不仅在产业发展轨迹形成方面具有重要意义，而且在引导竞争与决定企业供应链和相关活动相互作用的空间模式中也发挥着重要作用。

本研究的调查表明，当企业趋向高度专业化时，产业集群内存在相当大的多样性潜力。从公共政策的角度来看，这对集群式增长的方法提出了质疑，并建议政策制定者既不应试图模仿其他成功故事的经验，也不应过于狭隘地关注当地经济的传统优势。相反，现有的区域能力、需求、专门知识和人才应得到新技术发展的补充。

第六章 结论与展望

我们对知识和知识资本的理论渊源进行了探索,在此基础上,对区域知识资本的组成因素、组成因素之间的关系进行了结构方程建模和实证检验,接着采用智力资本增值系数法(VAIC法)探讨了区域知识资本对创新绩效的直接影响和持续影响,最后从战略、产业和创新3个视角对区域知识资本的管理提出建议。

第一节 研究结论

一、主要的基础理论

(一)知识和知识资本的认识论

符号学、语言学和语言哲学的基本原则已被应用于我们定义、获取和管理知识的方式。KPC理论通过分析知识循环各个阶段的各种社团、功能、转换和连接,提供了一个重新检查和解决知识资本认识论混淆的基础。KPC框架试图从意义或信息中分离数据,也提供了区分客观主义和解释主义两种知识认识论的方法,这样它们就可以被纳入一个连贯的模型,而不是被视为竞争和矛盾的。

我们汇集了知识管理、知识资本、应用语言学、语言哲学和符号学等不同学科的概念和分析工具,围绕客观主义和解释主义认识论两者的混淆观念,基于威廉姆斯(Williams,2008)知识资本认识论综合框架,通过经验、非结构化信息、

结构化信息、知识、实践社团最后又回到经验等 6 个阶段,关注知识与知识资本认识论的一些辩论,以阐述知识和知识资本认识论的新方法。KPC 框架将每一组过程都置于不同的环境和社团中,表明这个循环对于解释主义和客观主义认识论都很适宜,但前提是这两种"方法"被视为一个单一的、全面的知识过程中的阶段。它们确实是截然不同的,但并不是看起来不相容的替代品,它们只是表现在知识过程循环中的不同阶段而已,与其称其为不同类型的知识,还不如强调它们实际上是不同的阶段。它们不是不相容或相互竞争的认识论,这一观点既是斯彭德和马尔争论的基础,也是知识资本、认识论和研究方法等诸多文献中更广泛的争论基础。如果有什么区别的话,那就是不同的阶段是相互"嵌套"的。

(二)知识和知识资本的本体论

从知识资本的视角,本研究将本体论界定为知识资本的定义、类型和理论演化。区域知识资本的概念借鉴了企业知识资本的观点,在所有的知识资本分类中,以斯威比的 EIE 结构最为典型,即人力资本资本、内部结构和外部结构,这是构建区域知识资本测量模型和结构模型的理论基础。

(三)知识和知识资本的方法论

在企业知识资本的测量上,根据现有文献,建议的知识资本测量方法主要分为 4 类:直接测量法、计分卡测量法、市值测量法和资产收益率测量法。这些方法可以根据其结果是货币层面还是非货币层面、微观层面还是宏观层面进行衡量而加以区分。国家和区域知识资本测量模型主要用于比较的目标。

二、实证检验发现

(一)测量模型和结构模型检验

在测量模型检验中发现:区域知识资本包括区域人力资本、区域内部结构和区域外部结构 3 个因素;区域人力资本与区域内部结构显著相关;区域人力资本与区域外部结构显著相关;区域内部结构与区域外部结构显著相关。

在结构模型检验中发现：区域人力资本对区域内部结构有显著影响；区域人力资本对区域外部结构有显著影响；区域内部结构对区域外部结构有显著影响；区域内部结构在区域人力资本和区域外部结构之间起中介作用。

（二）直接影响和持续影响检验

随着经济全球化和知识经济的到来，知识资本已成为决定经济增长最重要的因素。然而，由于资源禀赋、区位条件、政策差异等因素的影响，我国各省份在区域知识资本方面存在较大差异，影响区域经济的协调发展。通过对区域知识资本的增值系数对区域创新绩效的检验，我们认为，区域知识资本增值系数及其组成因素（区域人力资本、区域结构资本），以及区域物质资本共同对区域创新绩效产生直接影响和持续影响，特别是区域物质资本的作用依然不可忽视。但也从另外一个角度说明，区域知识资本和区域物质资本的投资明显不足。

三、管理策略

本研究从战略、创新体系和产业集群 3 个视角为区域知识资本管理提出了政策建议和相关措施。

（一）战略视角的区域知识资本管理策略

基于战略视角的区域知识资本管理探讨了区域知识资本战略制定的认识论方法的实际含义，试图将企业知识资本的领域从其运营和内部技术的重点扩展到新的区域知识资本理论，提出一个基于资源的观点，使用自创生认识论来指导战略制定。人们利用知识资本的能力主要是在区域内部与外部转移和转换知识这两个方向上创造价值。每发生一次知识转移或转换，其价值就会增长。区域知识资本战略制定问题就是关于如何利用杠杆避免阻碍知识资本的共享和知识资本的转换，以知识为基础的战略支柱活动旨在提高区域内部和外部的行动能力。

（二）创新体系视角的区域知识资本管理策略

在知识资本创新的过程中，最重要的决定因素是各种创新行为体，如大学、研究机构、行业和政府之间合作的密切程度。因此，区域知识资本创新体系的核心是各主体之间的合作机制。在区域一级，合作制度的重点是各主要行动者之间根据其在区域内形成许多群体的地方建立密切联系。在某些情况下，区域集群也可以创造新的知识，并支持区域创新体系。这意味着区域集群和区域创新体系在动态的相互作用中是相互加强的，而不是依赖于单方面的关系。所有区域集群都以专业化的核心产品为核心，最大限度地发挥区域优势。以知识资本创新体系为基础的竞争力，不仅是一个区域的福利制度，而且是区域经济可持续发展的基础。为此，本研究构建了一个区域知识资本创新体系，为管理区域知识资本提供理论帮助和实践支持。

（三）产业集群视角的区域知识资本管理策略

基于产业集群视角的区域知识资本管理探讨了影响区域生物医药和大健康产业集群的主要区位动态，探讨了推动生物医药公司在区位发展的主要力量之间的平衡问题。文献分析与实地调查结果显示：区域集群增长的重要性主要在于其劳动力市场的规模和多样性、关键研究机构和公共部门的支持，以及基础设施和服务的提供。同时，历史遗产、国家和国际监管框架以及区域外部结构在塑造区域生物医药和大健康产业集群的发展轨迹方面将发挥重要作用。对一个处于萌芽阶段的集群进行考察，可以梳理出经济变化的路径依赖，并对历史遗产和关键制度对集群发展空间性的影响进行敏感性分析。历史遗产和公共部门的支持影响了区域生物医药产业的初始位置、专业知识类型和生物医药的创新特性。基于区域知识资本三要素结构（区域人力资本、区域内部结构和区域外部结构）的视角，结合 3 种理想类型的集群发展，本研究提出了一个分析框架，该分析框架拟捕获塑造产业集群空间性的区位因素，同时分析区域经济变化的特定路径依赖性质。这种分析框架特别适用于集群处于早期生长（或"胚胎"）阶段的省医药产业。

第二节 研究价值与创新之处

一、研究价值

（一）学术价值

以往对区域知识资本的测量多是单一指标，本研究建立的是多指标测量体系。像有些学者使用平均受教育年限来测量区域知识资本，其实隐含了一个不合常理的假设，即不论在何种教育体系下，一年的受教育经历都能增加同样的知识资本，这相当于假定在南非与德国受教育一年会增加同样的知识资本。以往的测量还假设正规学校教育是主要的、是唯一的知识来源，而非学校教育因素对知识资本的影响则忽略不计，在事实上忽视了教育质量、家庭教育、社会教育以及其他因素的跨国、跨区域差异。

本研究强调了从以往研究的缺陷中得出的一些启示。在使用 VAIC 法时我们对其进行了全面的分析，收集了已有学者提出的批评意见，对某些部分进行了重新平衡，并增加了一些新的批评意见，同时为使用 VAIC 法进行实证检验的研究者和将其作为决策工具的管理者提供警示。

（二）应用价值

传统上，大多认为区域的愿景和目标主要是通过有形资源来决定，而在知识经济背景下，无形资源则显得更为突出，本研究有利于使区域知识资本无形资源有形化，以及对边疆民族地区的资源型城市转型提供参考。

我们所做的研究对区域转型具有具体意义，努力建立基于知识机构、企业以及知识网络的路径依赖结构，也为知识激励效应理论提供了更"区域化"的贡献。本研究框架通过知识资本这面镜子来透视某一特定区域，有助于吸引人们注意不同的争论点：什么是最重要的区域知识资本要素？区域知识资本的内容如何取决于所选择的目标和价值观？不同要素之间的关系是什么？因此，关键是弄清楚区域知识资本的内容和测量到底要计算什么，以及如何解释和应用这些结果。也就是说，我们要关注哪些数据以及如何关注这些数据，忽略哪些数据以及如何忽略这些数据。

二、创新之处

（一）数据收集首次采用问卷方式

以往研究多采用国家和地区统计年鉴中的数据，虽然客观性较强，但并不适合结构方程模型的因素结构分析（如 Amos 软件），而是更适合多元时间序列的面板数据分析（如 Eviews 软件）。本研究根据区域知识资本的理论和实践，结合区域的特点，设计了包含 17 个项目的区域知识资本调查问卷，经结构方程模型检验，各项拟合指标均符合标准。

（二）确定了区域知识资本的多维度结构

通过数据检验，确定了区域知识资本由区域人力资本、区域内部结构和区域外部结构 3 个因子组成，这与以往研究确定的区域人力资本、结构资本和关系资本不同，本研究强调的是将结构资本分为内部和外部，而将关系资本蕴含其中，本质上虽然区别不大，但考察的角度不同，加深了人们对区域知识资本不同角度的理解。

（三）为 VAIC 法在区域知识资本研究上提供了可操作性模式

在研究方法上，除采用结构方程模型外，还尝试将帕布利克的 VAIC 法应用于区域层面。该方法一般用于公司层面，本研究将其应用于区域层面，与直接影响与持续影响结合起来，共构建了两类 10 个模型，该方法也可应用于其他区域知识资本分析之中。

（四）多视角的区域知识资本管理策略

本研究从宏观的战略视角，到中观的创新体系，再到微观的产业集群，分别对区域知识资本的 3 个要素区域人力资本、区域内部结构和区域外部结构进行分析，提出了相应的管理策略。

第三节　研究局限与未来展望

一、研究局限

（一）数据来源的限制

尽管本研究从调查问卷、实地访谈和官方统计数据多方面获取数据，但由于方法本身的固有缺陷，必然带来不可避免的问题。如调查问卷的主观性太强，问卷的有效性很大程度上取决于受访者对该问题的理解程度，以及调查者与受访者关系强度等多种因素。实地访谈又受到研究经费、疫情、受访者的配合等影响。官方统计数据则有统计口径的不同，既有国家与省级区域统计口径的不一致，也有区域自身历年统计口径的不一致，乃至一个区域内部，如云南省统计数据与下辖 16 州市的数据也不完全一致。更主要的是一个区域历年统计数据的结构变化，比如 2006 年以前与 2007 年以后的《云南统计年鉴》在省级与下辖 16 个州市统计数据的匹配上，给 VAIC 法的直接影响和持续影响模型的建立带来了一定的困难。

（二）产业集群视角管理策略的局限

尽管本研究分别从战略视角、创新体系视角和产业集群视角提出了区域知识资本的管理策略，但在产业集群视角中，是从宏观层面辅以实地访谈的方法提出了管理策略，对产业集群的管理策略主要集中在区域知识资本的区域人力资本、区域内部结构和区域外部结构这 3 个要素上。事实上，对集群进行分析是极其困难的，因为很难获得关于所有区域集群和类似来源的全面的官方统计数据。究其原因是，大部分地区集群不仅跨越了区域政府之间的边界，而且也跨越了国家边界。

（三）研究方法的局限

尽管本研究采用了结构方程模型 AMOS 分析、智力资本增值系数 VAIC 分析等研究方法，但并不能覆盖区域知识资本分析的全部。区域知识资本的外延非常广泛，内容特别丰富，任何一种研究方法都只是从一个视角对它的考察。

二、未来展望

通过对区域知识资本激励效应的实证研究，本研究试图扩大知识管理和知识资本的领域，以包含一个新的区域知识资本理论的可能性，特别对区域知识资本进行了多视角、多维度的实证检验。对于这一意义深远的主题，本研究仅是做了初步尝试，所用方法是否富有成效、理论是否经得起更密切的实证和理论审视，是未来研究的问题。简而言之，未来可以从更广泛的领域对区域知识资本展开研究。

（一）未来的研究方向

随着区域间相互封闭程度的缩小，区域知识资本的激励也越来越普遍，知识或知识资本的空间激励效应将在区域经济发展中发挥越来越重要的作用。因此，未来的研究可以采用空间杜宾模型（Spatial Durbin Model，SDM）来探讨区域知识资本的空间激励效应。空间杜宾模型是空间自回归模型（Spatial Autoregressive Model，SAR）的发展。在空间杜宾模型中，因变量和自变量都包含空间效应，人均收入可以作为区域经济增长的指标，影响经济增长的变量可以包括总人口、产业数量和劳动力，采用 R 软件进行数据分析。

（二）未来的管理实践

区域规划是区域知识资本的"大脑"，未来的研究可以关注如何通过创造特殊的思维区域而不是建造购物中心来创造"大脑间的突触"（信息传递的关键部位），这对区域管理者的决策水平提出了更高的要求，毕竟区域知识资本不是虚拟的空中楼阁，不能简单地停留在理论层次。

此外，在区域知识资本管理中，也可以绘制区域知识资本价值创造地图，确定区域的价值创造发生在哪里。比如，某个地点曾经是港口，但在未来的区域中，它很可能是网络，这将不会被传统的统计数据所捕获。因此，未来的区域知识资本管理需要开发社会和区域智能来创建地图，以确定在哪里可以发生价值创造。

（三）未来的政策建议

随着知识经济的发展，知识将取代资本、土地等其他生产要素，成为区域经济发展的主要驱动力。从可持续发展的角度来看，类似云南省的发展中区域不能长期依赖劳动密集型工业。知识已成为实现和保持竞争优势的战略资源，但由于区位、历史、资金支持等原因，知识资源主要集中在发达地区而不是发展中地区。幸运的是，知识具有公益性质。对此，本研究提出以下几点政策建议。

第一，增加研发等知识生产支出，提高技术创新对GDP的贡献率。因为知识资本是获得竞争优势最重要的资源，因此，必须保证一定的知识储备。《2020年全国科技经费投入统计公报》显示，2020年，我国研发经费总量已达到2.4万亿元，占国内生产总值的比重达到2.4%，是美国的54%、日本的2.1倍，稳居世界第二位。然而，研发经费超过千亿元的省份只有8个，主要集中在京津冀和长三角地区。也就是说，其他大部分省份在知识生产方面投入不足。

第二，构建虚拟知识生产联盟，促进协同创新的发展是一个很好的途径。知识具有黏性和局部性的特点。显然，对于发展中地区来说，通过激励效应和空间溢出来获取知识是一个缓慢而困难的过程。因此，构建知识联盟，促进企业协同创新是一种有效的途径，这有助于打破行政边界，快速促进空间知识溢出。

第三，要通过有效的人才流动机制促进知识流动，平衡区域间的知识差距。事实上，创新知识来源于创新人才，知识资本激励效应主要是通过人才的流动实现的。不幸的是，由于黑洞效应，发达地区吸引了太多的人才。尽管发展中地区的政府为使人才留在当地提供了许多优惠政策，但情况仍然不容乐观。因此，在当前形势下，最现实的途径就是建立有效的人才流动机制。发展中地区可以从这种流动中获得创新的知识，而不是被"纠缠"在当地的知识生产中。

第四，提高发展中地区的知识吸收能力至关重要。如果发展中地区没有这样的吸收能力，那么面对知识资本激励效应只会导致挫折，以及创新的减少。例如，为什么那么多跨国公司投资我国，而不是投资其他发展中国家？除了劳动力成本便宜外，一个关键因素是我国有足够的知识型员工来满足生产的需要。不可否认，与其他发展中国家相比，这给我国带来了一个快速发展的机会。同样的道理，对区域知识资本的管理更需要强化知识的吸收能力。

参考文献

[1] Drucker P.The next society: A survey of the near future[J].Insert-Section in the Economist, 2005, 361（8246）: 3-9.

[2] Spender J C, Marr B.A knowledge-based perspective on intellectual capital[C]// Marr B.Perspectives on intellectual capital.Oxford: Elsevier, 2005: 183-195.

[3] Bounfour A, Edvinsson L.Intellectual capital for communities[M].Oxford: Elsevier, 2005.

[4] Chatzkel J.The 1st World Conference on intellectual capital for communities in the knowledge economy: Nations, regions and cities[J].Journal of Intellectual Capital, 2006, 7（2）: 272-282.

[5] Pulic A.Measuring the performance of intellectual potential in Knowledge Economy[C]//Paper presented at the 2nd World Congress on measuring and managing intellectual capital, McMaster University, Hamilton, January, 1998: 21-23.

[6] Pulic A.The principles of Intellectual capital efficiency[M].Zagreb: Croatian Intellectual Capital Center, 2008.

[7] Bontis N.Intellectual capital: An exploratory study that develops measures and models[J].Management Decision, 1998, 36（2）: 63-76.

[8] Kaplan R S, Norton D P.The balanced scorecard——measures that drive Performance[J].Harvard Business Review, 1992, 70（1）: 71-79.

[9] Edvinsson L, Malone M S.Intellectual capital: Realizing your company's true

value by finding its hidden brainpower[M].New York: HarperBusiness, 1997.

[10] Rembe A.Invest in Sweden: Report 1999[M].Stockholm: Halls FOCET AB, 1999.

[11] Pasher E.The intellectual capital of the state of Israel 1998: A look to the future[J].Intellectual Capital for Communities, 1999 (2005): 139-149.

[12] Bontis N.National Intellectual Capital Index: A united nations initiative for the Arab region[J].Journal of Intellectual Capital, 2004, 5 (1): 13-39.

[13] Bontis N, et al.Intellectual capital and business performance in Malaysian industries[J].Journal of Intellectual Capital, 2000, 1 (1): 85-100.

[14] Lopez V R, Nevado, D.Gestione y controle el valor integral de su empresa [M].Madrid: Ed.Diaz de Santos, 2006.

[15] Lin C Y, Edvinsson L.National intellectual capital: Comparison of the Nordic Countries[J].Journal of Intellectual Capital, 2008, 9 (4): 525-45.

[16] Alfaro J L, Lopez V R, Nevado D.Estimation of intellectual capital in the European Union using a knowledge model[J].Proceedings of Rijeka Faculty of Economics, 2011, 29 (1): 109-32.

[17] World Bank.Where is the wealth of nations? Measuring capital for the 21st century[M].Washington: The World Bank, 2006.

[18] Stahle P, Bounfour A.Understanding dynamics of intellectual capital of nations[J].Journal of Intellectual Capital, 2008, 9 (2): 164-77.

[19] Hervas J L, Rojas R, Martins B M, et al.The overlapping of national IC and innovation Systems[J].Journal of Intellectual Capital, 2011, 12 (2): 111-31.

[20] Atkinson R D, Wu J J.The 2017 State New Economy Index[R].SSRN Electronic Journal, 2017.

[21] Viedma M J M, Lopez M A, Subirats X, et al.La gestion del Capital Intelectual en Mataro (GCIM) [J].Revista de Contabilidad y Direccion, 2004 (1): 201-26.

[22] Ergazakis K, Metaxiotis K.Formulating integrated knowledge city development

strategies: The KnowCis 2.0 methodology[J].Knowledge Management Research & Practice, 2011 (9): 172-84.

[23] 王绍仁.关于美国侵略拉丁美洲的三本书[J].世界知识, 1957 (11): 30-31.

[24] 曾刚, 孔翔.我国知识经济发展对策初探[J].地域研究与开发, 1999 (1): 3-7+15.

[25] 王鹏, 王灿华.创新生产技术效率、技术基础设施对区域创新的影响研究——基于省域面板数据的门槛回归分析[J].研究与发展管理, 2014, 26 (5): 34-42+119.

[26] 王鹏.新经济增长理论与台湾经济增长研究[D].厦门:厦门大学, 2007.

[27] Bontis N.National Intellectual Capital Index: A United Nations initiative for the Arab region[J].Journal of Intellectual Capital, 2004 (5): 13-39.

[28] Lin C Y-Y, Edvinsson L.National intellectual capital: Comparison of the Nordic countries[J].Journal of Intellectual Capital, 2008 (9): 525-545.

[29] Salonius H, Lonnqvist A.Exploring the policy relevance of national intellectual capital information[J].Journal of Intellectual Capital, 2012 (13): 331-342.

[30] Chaminade C, Johanson U.Can guidelines for intellectual capital management and reporting be considered without addressing cultural differences? [J].Journal of Intellectual Capital, 2003 (4): 528-542.

[31] Angel A, Ortiz M.Analysis and valuation of intellectual capital according to its context[J].Journal of Intellectual Capital, 2009 (10): 451-482.

[32] Schiuma G, Lerro A, Carlucci D.The Knoware Tree and the Regional Intellectual Capital Index: An assessment within Italy[J].Journal of Intellectual Capital, 2008 (9): 283-300.

[33] Lonnqvist A, Kianto A, Sillanpaa V.Using intellectual capital management for facilitating organizational change[J].Journal of Intellectual Capital, 2009 (10): 559-572.

[34] Kapyla J, Kujansivu P, Lonnqvist A.National intellectual capital performance: A strategic approach[J].Journal of Intellectual Capital, 2012 (13): 343-362.

[35] Kohl H, Wuscher S, Orth R, et al.Intellectual capital statements as a driver for regional development[C]//In Proceedings of the European conference on intellectual capital; Academic Conferences Limited, Sonning Common, UK, 9-10 April, 2015: 189-198.

[36] Medina A J S, Gonzalez A M, Falcon J M G.Intellectual capital and sustainable development on islands: An application to the case of Gran Canaria[J].Regional Study, 2007(41): 473-487.

[37] Rodriguez B M, Viedma M J M.The region's intellectual capital benchmarking system: Enabling economic growth through evaluation[J].Journal of Intellectual Capital, 2006(10): 41-54.

[38] Lonnqvist A, Kapyla J, Salonius H, et al.Knowledge that matters: Identifying regional knowledge assets of the tampere region[J].Eur.Plan Study, 2014(22): 2011-2029.

[39] Lerro A, Schiuma G.Knowledge-based dynamics of regional development: The case of Basilicata region[J].J.Knowl Manag, 2009(13): 287-300.

[40] Kozak M.Strategic approach to intellectual capital development in regions[J]. International Journal Learning, 2011(8): 76-93.

[41] Marr B.Perspectives on intellectual capital[M].Oxford: Elsevier, 2005.

[42] Alshanty A M, Emeagwali O L.Market-sensing capability, knowledge creation and innovation: The moderating role of entrepreneurial-orientation[J].Journal Innovation Knowledge, 2019(4): 171-178.

[43] Schubert P, Lincke D M, Schmid B.A global knowledge medium as a virtual community: The netacademy concept[C]//1998 The Fourth Americas conference on information systems, Maryland: Baltimore, 2016.

[44] Eco U.Semiotics[M].Bloomington: Indiana University Press, 1978.

[45] Barthes R.Elements of Semiotics[M].A A Wyn: Hill & Wang, 1977.

[46] Wittgenstein L.Philosophical investigations[M].Oxford: Blackwell, 1995.

[47] Williams R.Meta-semiotics and Practical Epistemology[J].Theory and

Psychology, 2005, 15（5）: 719-734.

[48] Williams R.Narratives of knowledge and intelligence: Beyond the tacit and explicit[J].Journal of Knowledge Management, 2006, 10（4）: 80-99.

[49] Williams R.The epistemology of knowledge and the knowledge process cycle: beyond the "objectivist" vs "interpretivist" [J].Journal of Knowledge Management, 2008, 12（4）: 72-85.

[50] Snowden D.Complex acts of knowing: Paradox and descriptive self-awareness[J].Journal of Knowledge Management, 2002, 6（2）: 132-141.

[51] Kurtz C F, Snowden D J.Bramble bushes in a thicket narrative and the intangibles of learning networks[C]//Gibbert, Michel, Durand, et al.Strategic Networks: Learning to compete blackwell, 2007.

[52] Peppard J.An information systems perspective on intellectual capital[C]//Marr B.Perspectives on intellectual capital.Oxford: Elsevier, 2005.

[53] Guarino N, Carrara M, Giaretta P.Formalizing onto logical commitment[C]//The national conference on artificial intelligence（AAAI-94）, Seattle, Morgan Kaufmann, 1994.

[54] Guthrie J, et al.Using content analysis as a research method to inquire into intellectual capital reporting[J].Journal of Intellectual Capital, 2004, 5（2）: 282-293.

[55] Tovstiga G, Tulugurova E.Intellectual capital practices: A four-region comparative study[J].Journal of Intellectual Capital, 2009, 10（1）: 70-80.

[56] Martin-de-Castro G, Delgado-Verde M, Lopez-Saez P, et al.Towards "an intellectual capital-based view of the firm": Origins and nature[J].Journal of Business Ethics, 2011, 98（4）: 649-62.

[57] Bontis N.Managing organisational knowledge by diagnosing intellectual capital: Framing and advancing the state of the field[J].International of Journal of Technology Management, 1999, 18（5）: 433-462.

[58] Nahapiet J, Ghoshal S.Social capital, intellectual capital, and the organizational advantage[J].Academy of Management Review, 1998, 23（2）: 242-

266.

[59] McElroy M W.Social innovation capital[J].Journal of Intellectual Capital, 2002, 3(1): 1-16.

[60] Birchall D W, Tovstiga G.Strategic capabilities for competitive advantage-leading through technological innovation[M].Basingstoke: Palgrave Macmillan, 2005.

[61] Marr B, Gray D, Neely A.Why do firms measure their intellectual capital? [J].Journal of Intellectual Capital, 2003, 4(4): 441-464.

[62] Ittner C D, Larcker D F, Meyer M W.Subjectivity and the weighting of performance measures: Evidence from a balanced scorecard[J].The Accounting Review, 2003, 78(3): 725-758.

[63] Lerro A, et al.Knowledge assets assessment strategies: Organizational value, processes, approaches and evaluation architectures[J].Journal of Knowledge Management, 2012, 16(4): 563-575.

[64] Malhotra Y.Measuring knowledge assets of a nation: Knowledge systems for development[C]//Research paper prepared for the Invited Keynote Presentation delivered at the United Nations.New York: NY, 2003.

[65] Stam C D, Andriessen D G.Intellectual capital of the European Union 2008: Measuring the Lisbon strategy for growth and jobs[J].Electronic Journal of Knowledge Management, 2009, 7(4): 489-500.

[66] Pachura P, Hajek P.Mapping regional innovation strategies in Central Europe: A Fuzzy Cognitive Map approach[C]//Hradec Kralove: The international conference Hradec Economic Days 2013, Economic Development and Management of Regions University, 2013.

[67] Ahmed A S S, Omar E M K.Understanding the knowledge management intellectual capital: A two-way analysis[J].Journal of Intellectual Capital, 2011, 12(4): 586-614.

[68] Roos J, Roos G, Dragonetti N C, et al.Intellectual capital: Navigating in the new business landscape[M].New York: New York University Press, 1998.

[69] Sveiby K E.The new organizational wealth: Managing & measuring knowledge- based assets[M].San Francisco: Berrett-Koehler Publishers, 1997.

[70] Stern J M, Stewart B, Don Chew.The EVA financial management system[J].Journal of Applied Corporate Finance, 1995, 8(2): 32-46.

[71] Tan H P, Plowman D, Hancock P.Intellectual capital and financial returns of companies[J].Journal of Intellectual Capital, 2007, 8(1): 76-95.

[72] Roos J, Roos G, Dragonetti N C, et al.Intellectual capital: Navigating in the new business landscape[M].New York: New York University Press, 1998.

[73] Jacobsen K, Bang P H, Nordby R.The IC rating ™ model by intellectual capital Sweden[J].Journal of Intellectual Capital, 2005, 6(4): 570-587.

[74] Marr B, et al.Intellectual capital, defining key performance indicators for organizational knowledge assets[J].Business Process Management Journal, 2004, 10(5): 551-569.

[75] Sveiby K E.The new organizational wealth: Managing & measuring knowledge- based assets[M].San Francisco: Berrett-Koehler Publishers, 1997.

[76] Brooking A.Intellectual capital: Core asset for the third milennium entreprise[M].England: Cengage Learning Emea, 1996.

[77] Viedma M J M.ICBS-intellectual capital benchmarking system[J].Journal of Intellectual Capital, 2001, 2(2): 148-165.

[78] Viedma M J M.Strategic Knowledge Benchmarking System (SKBS): A knowledge-based strategic management information system for firms[J].Journal of Knowledge Management, 2004, 8(6): 31-49.

[79] Viedma M J M.In search of an intellectual capital comprehensive theory[J].Electronic Journal of Knowledge Management, 2007, 5(2): 245-256.

[80] Skyrme D J.Commercialization: The next phase of knowledge management[M].Berlin, Heidelberg: Springer, 2003.

[81] Andriessen D.Making sense of intellectual capital: Designing a method for the valuation of intangibles[M].Burlington: Elsevier Butterworth-Heinemann, 2004.

[82] Pike S, Rylander A, Roos G.Intellectual capital management and disclosure[C]//Paper presented at the 4th World Congress on intellectual capital, McMaster University, Hamilton, 2001.

[83] Pike S, Roos G.Mathematics and modern business management[J].Journal of Intellectual Capital, 2004, 5（2）: 243-256.

[84] Bradley K.Intellectual capital and the new wealth of nations[J].Business Strategy Review, 1997, 8（1）: 53-62.

[85] Edvinsson L, Stenfelt C.Intellectual capital of nations: For future wealth creation[J].Journal of Human Resource Costing & Accounting, 2013, 4（1）: 21-33.

[86] Corrado C, Hulten C, Sichel D.Intangible capital and economic growth[R].Finance and economic discussion series, divisions of research & statistics and monetary affairs, Federal Reserve Board, Washington D C, 2006.

[87] Piekkola H.Intangibles: Can they explain the unexplained? [R].INNODRIVE Working Paper, 2010.

[88] World Economic Forum.The Global Competitiveness Report 2010-2011[R].World Economic Forum, 2010.

[89] IMD.IMD World Competitiveness Yearbook[R].Switzerland, Lausanne: IMD, 2011.

[90] Sveiby K E, Skuthorpe T.Treading lightly: The hidden wisdom of the world's oldest people[M].New South Wales: Allen & Unwin, 2006.

[91] Sedlacek Tomas.Economics of good and evil: The quest for economic meaning from gilgamesh to Wall Street[M].New York: Oxford University Press, 2011.

[92] Becker G S.Human capital, national bureau of economic research[M].New York: Columbia University Press, 1964.

[93] 贝克尔.人力资本理论：关于教育的理论和实证分析[M].梁小民，译.北京：中信出版社，2007.

[94] Van Stel A, Storey D.The link between firm births and job creation: Is there an Upastree effect? [J].Regional Study, 2004（38）: 893-909.

[95] Feldman M, Desrochers P.Research universities and local economic development: Lessons from the history of Johns Hopkins University[J].Industry And Innovation, 2003, 10 (11): 5-24.

[96] Stevens J.Applied multivariate statistics for the social sciences [J].Journal of Educational Statistics, 2003, 57 (100): 68-69.

[97] 贾俊平. 统计学 [M].8 版. 北京: 中国人民大学出版社, 2021.

[98] Baron A.Measuring human capital[J].Strategic HR Review, 2011, 10 (2): 30-35.

[99] McGregor J, Tweed D, Pech R.Human capital in the new economy: Devils bargain[J].Journal of Intellectual Capital, 2004, 5 (1): 153-164.

[100] Stewart T A.Brainpower: How intellectual capital is becoming America's most valuable asset[J].Fortune, 1991, 6 (3): 40-56.

[101] Mayo A.The human value of the enterprise: Valuing people as assets: Monitoring, measuring, managing[M].London: Nicholas Brealey Publishing, 2001.

[102] Boisot M.The creation and sharing of knowledge[C]//Choo C W, Bontis N.The strategic management of intellectual capital and organizational learning, Oxford: Oxford University Press, 2002.

[103] Ordonez de Pablos P.Measuring and reporting structural capital: Lessons from European learning firms[J].Journal of Intellectual Capital, 2004, 5 (4): 629-647.

[104] Chen M C, Cheng S J, Hwang Y.An empirical investigation of the relationship between intellectual capital and firms'market value and financial performance[J].Journal of Intellectual Capital, 2005, 6 (2): 159-176.

[105] Iyer S, Kitson M, Toh B.Social capital, economic growth and regional development[J].Regional Studies, 2005, 39 (8): 1015-1040.

[106] Thurik R.Entrepreneurship, economic growth and policy in emerging economies[C]//Unuwider Research Paper.World institute for development economic Research, 2009.

[107] Passow T, Fehlmann R, Grahlow H.Country reputation from measurement

to management: The case of Liechtenstein[J].Corporate Reputation Review, 2005 (7): 309-326.

[108] Alves H.Entrepreneurship, human capital, and regional development: Labor network flows, and industry growth[J].International Journal of Entrepreneurship and Innovation, 2016, 17 (1): 75-76.

[109] Nonaka I, Takeuchi H.The knowledge creating company[M].New York: Oxford University Press, 1995.

[110] Mouritsen J.Measuring and intervening: How do we theories intellectual capital management? [J].Journal of Intellectual Capital, 2004, 5 (2): 257-267.

[111] Young C S, Su H Y, Fang S C, et al. Cross-country comparison of intellectual capital performance of commercial banks in Asian economics[J].The Service Industries Journal, 2009, 29 (11): 1565-1579.

[112] Laing G, Dunn J, Hughes-Lucas S.Applying the VAIC model to Australian hotels[J].Journal of Intellectual Capital, 2010, 11 (3): 269-283.

[113] Sveiby K E.A knowledge-based theory of the firm to guide in strategy formulation[J].Journal of Intellectual Capital, 2001, 2 (4): 344-358.

[114] Marzo G, Bonnini S.On the association between VAIC and firms'market value and financial performance[C]//Paper presented at The 14th Interdisciplinary Conference on Intangibles and Intellectual Capital, Munich, Germany September 20-21, 2018.

[115] Nazari J A, Herremans I M.Extended VAIC model: Measuring intellectual capital components[J].Journal of Intellectual Capital, 2007, 8 (4): 595-609.

[116] Vishnu S, Kumar G V.Intellectual capital and performance of pharmaceutical firms in India[J].Journal of Intellectual Capital, 2014, 15 (1): 83-99.

[117] Pietrantonio R, Iazzolino G.Intellectual capital and business performances in Italian firms: An empirical investigation[J].International Journal of Knowledge Management Studies, 2014, 5 (3-4): 211-243.

[118] Ulum I, Ghozali I, Purwanto A.Intellectual capital performance of Indonesian banking sector: A modified VAIC (M-VAIC) perspective[J].International Journal of

Finance& Accounting, 2014, 6（2）: 103-123.

[119] Nimtrakoon S.The relationship between intellectual capital, firms'market value and financial performance: Empirical evidence from the ASEAN[J].Journal of Intellectual Capital, 2015, 16（3）: 587-618.

[120] Nadeem M, Dumay J, Massaro M.If you can measure it, you can manage it: A case of intellectual capital[J].Australian Accounting Review, 2018, 29（4）: 590-615.

[121] Bayraktaroglu A E, et al.Intellectual capital and firm performance: An extended VAIC model[J].Journal of Intellectual Capital, 2019, 20（3）: 406-425.

[122] Singla H K.Does VAIC affect the profitability and value of real estate and infrastructure firms in India? A panel data investigation[J].Journal of Intellectual Capital, 2020, 21（3）: 309-331.

[123] Greenland S, et al.Statistical tests, P values, confidence intervals, and power: A guide to misinterpretations[J].European Journal of Epidemiology, 2016, 31（4）: 337-350.

[124] Marzo G.A theoretical analysis of the value added intellectual coefficient（VAIC）[J].Journal of Management and Governance, 2021, 2（26）: 1-28.

[125] Pulic A.VAIC ™ an accounting tool for IC management[J].International Journal of Technology Management, 2000, 20（5/6/7/8）: 702-714.

[126] Stahle P, Stahle S, Aho S.Value added intellectual coefficient（VAIC）: A critical analysis[J].Journal of Intellectual Capital, 2011, 12（4）: 531-551.

[127] Firer S, Williams S M.Intellectual capital and traditional measures of corporate performance[J].Journal of Intellectual Capital, 2003, 4（3）: 348-360.

[128] Iazzolino G, Laise D, Pulic A.20 years of VAIC Value Added Intellectual Coefficient[C]//Schiuma G, Demartini P, Yan M R.Knowledge ecosystems and growth, proceedings of 14th IFKAD 2019, Matera, Italy, 2019（5-7）: 951-965.

[129] Piekkola H.Knowledge capital as the source of growth[J].Discussion Papers, 2005, 30（1）: 3-11.

[130] 谢呈阳, 胡汉辉, 周海波. 区域关联视角下的人力资本与地区经济发展[J]. 经济理论与经济管理, 2015 (7): 100-112.

[131] Hajek P, Stejskal J.R&D cooperation and knowledge spillover effects for sustainable business innovation in the chemical industry[J].Sustainability, 2018, 10 (4): 1004-1064.

[132] Asheim B, Gertler M S.The geography of innovation: Regional innovation systems[C]//Fagerberg J, Mowery D C, NELSON R R.The oxford handbook of innovation. Oxford: Oxford University Press, 2005: 291-317.

[133] Moreno R, Paci R, Usai S.Geographical and sectoral clusters of innovation in Europe[J].Annals of Regional Science, 2005, 39 (4): 715-739.

[134] Fritsch M, Slavtchev V.Local knowledge sources, spillovers and innovation, department of economics and business administration[D].Jena: Friedrich- Schiller-University, 2008.

[135] Huang Mu-Jung, Mu-Yen Chen, Kaili Yieh.Comparing with your main competitor: The single most important task of knowledge management performance measurement[J].Journal of Information Science, 2007, 33 (4): 416-434.

[136] Khalifa Mohamed, Angela Yan Yu, Kathy Ning Shen.Knowledge management systems suceess: A contingency perspective[J].Journal of Knowledge Management, 2008, 12 (1): 119-132.

[137] Chang Lee Kun, Sangjae Lee, In Won Kang.KMPI: Measuring knowledge management performance[J].Information & Management, 2005, 42 (3): 469-482.

[138] Petra Andries, Annelies Wastyn.Disentangling value-enhancing and cost-increasing effects of knowledge management[J].Journal of Knowledge Management, 2012, 16 (3): 387-399.

[139] Mills A M, Smith T A.Knowledge management and organizational performance: A decomposed view[J].Journal of Knowledge Management, 2011, 15 (1): 156-171.

[140] Farrell M J.The measurement of productive efficiency[J].Journal of the Royal

Statistic Society, 1957（120）: 253-282.

[141] Greif S, Schmiedl D.Patentatlas Deutschland[M].Munich: Deutsches Patentund Markenamt, 2002.

[142] Bontis N, Fitz-enz J.Intellectual capital ROI: A causal map of human capital antecedents and consequents[J].Journal of Intellectual Capital, 2002, 3（3）: 223-247.

[143] Kaufmann L, Schneider Y.Intangibles: A synthesis of current research[J].Journal of Intellectual Capital, 2004, 5（3）: 366-388.

[144] Priem R L, Butler J E, Priem R L.In the resource-based view tautology and the implications of externally determined resource value[J].Further, 2008, 26（1）: 57-66.

[145] Stanciulescu G C.Cities'brand identity: How to market it? [J].Amfiteatru Economic, 2007, 9（S1）: 25-29.

[146] Mota V, Macas P, Fernandes A.New construction and reconstructiton: Impact on growth of sub-regions of mainland Portugal[J].Amfiteatru Economic, 2010, 12（27）: 169-76.

[147] Negut S, Di Comite L, Neacsu M C.Immigration-socio-economical implications: The case of Romania[J].Amfiteatru Economic, 2010, 7（28）: 576-93.

[148] Silva M J, Trigo V, Antunes R.Institutional approach and enterprise creation: support systems in the case of small city in rural and peripheral areas of Portugal[J].Amfiteatru Economic, 2011, 12（29）: 258-72.

[149] Tapardel A C, Alexe F A.Strategic directions for the Bucharest strategy and city brand[J].Amfiteatru Economic, 2012, 14（S6）: 720-37.

[150] Ungureanu C I, Marcu M.The Lisbon Strategy[J].Journal for Economic Forecasting, 2006, 3（8）: 74-83.

[151] Venzin, von Krogh G, Roos J.Future research into knowledge management[C]//Krogh, Roos, Kleine.Knowing in firms, understanding, managing and measuring knowledge, Sage London, 1998.

[152] Polanyi M.Personal knowledge[M].London: Routledge & Kegan Paul, 1958.

[153] Sveiby K E.Towards a knowledge perspective on organisation[D].Stockholm: University of Stockholm, 1994.

[154] McLuhan M.Media[M].Swedish: Pan Nordstedts, 1967.

[155] Ewers M C.From knowledge transfer to learning: The acquisition and assimilation of human capital in the United Arab Emirates and the other Gulf States[J]. Geoforum, 2013, 46（2）: 124-137.

[156] Amin A, Cohendet P.Architectures of knowledge: Firms, capabilities, and communities[M].Oxford: Oxford University Press, 2004.

[157] Bartlett C A, Ghoshal S.Managing across borders: The transnational solution[M].2nd.Boston: Harvard Business School Press, 1998.

[158] Gertler M S, Vinodrai T.Learning from America? Knowledge flows and industrial practices of German firms in North America[J].Economic Geography, 2005, 81（1）: 31-52.

[159] Williams A M.International labour migration and tacit knowledge transactions: A multi-level perspective[J].Global Networks, 2007, 7（1）: 29-50.

[160] Malecki E J, Ewers M C.Labor migration to world cities: With a research agenda for the Arab Gulf[J].Progress in Human Geography, 2007, 31（4）: 467-484.

[161] Malmberg A, Maskell P.Localized learning revisited[J].Growth and Change, 2006, 37（1）: 1-18.

[162] Faulconbridge J R, Muzio D.Reinserting the professional into the study of globalizing professional service firms: The case of law[J].Global Networks, 2007, 7（3）: 249-270.

[163] Essletzbichler J.Evolutionary economic geography, institutions, and political economy[J].Economic Geography, 2009, 85（2）: 159-165.

[164] Martin R, Sunley P.Path dependence and regional economic evolution[J]. Journal of Economic Geography, 2006, 6（4）: 395-437.

[165] Snieska V, Vytautas Draksaite.The role of knowledge process outsourcing in creating national competitiveness in global economy[J].Engineering Economics, 2007,

53（3）：35-41.

[166] Magnier-Watanabe R.Recognizing knowledge as economic factor: A typology[C]//Management of engineering and technology（PICMET）.Portland international conference on IEEE, 2015（8）：1279-1286.

[167] Camagni R, Capello R.Knowledge-based economy and knowledge creation: The role of space[C]//Growth and innovation of competitive regions.Springer, Berlin, Heidelberg, 2009：145-165.

[168] Heng L H, Othman N F M, Rasli A M, et al.Fourth pillar in the transformation of production economy to knowledge economy[J].Procedia-Social and Behavioral Sciences, 2012（40）：530-536.

[169] Castro M D.Knowledge management and innovation in knowledge-based and high-tech industrial markets: The role of openness and absorptive capacity[J].Industrial Marketing Management, 2015（47）：143-146.

[170] Osoro O, Kahyarara G, Knoben J, et al.Effect of knowledge sources on firm level innovation in Tanzania[C].TiSEM Working Paper, 2015.

[171] Capello R, Lenzi C.Knowledge, innovation and productivity gains across European regions[J].Regional Study, 2015, 49（11）：1788-1804.

[172] Aghion P, Jaravel X.Knowledge spillovers, innovation and growth[J].The Economic Journal, 2015, 125（583）：533-573.

[173] Fidel P, Schlesinger W, Cervera A.Collaborating to innovate: Effects on customer knowledge management and performance[J].Journal of Business Research, 2015, 68（7）：1426-1428.

[174] Renkow M.Social capital in the knowledge economy: Theory and empirics[J].Journal of Regional Science, 2008, 48（3）：675-677.

[175] Capello R, Nijkamp P.Handbook of regional growth and development theories[M].Cheltenham: Edward Elgar Publishing, 2010.

[176] Bastian D.Modes of knowledge migration: Regional assimilation of knowledge and the politics of bringing knowledge into the region[J].European Planning Studies,

2006, 14（5）: 601-619.

[177] Acs Z, Audretsch D, Braunerhjelm P, et al.The missing link: The knowledge filter and endogenous growth[C]//DRUID Summer Conference on Creating, Sharing and Transferring Knowledge.The Role of Geography, Institutions and Organization, Copenhagen, 2003.

[178] Lazaric N, Longhi C, Thomas C.Gatekeepers of knowledge versus platforms of knowledge: from potential to realized absorptive capacity[J].Regional Studies, 2008, 42（6）: 837-852.

[179] Storper M. Why do regions develop and change? The challenge for geography and economics[J].Journal of Economic Geography, 2011, 11（2）: 333-346.

[180] Hughes A.Geographies of exchange and circulation: Flows and networks of knowledgeable capitalism[J].Progress in Human Geography, 2007, 31（4）: 527-535.

[181] Farole T, Rodriguez-Pose A, Storper M.Human geography and the institutions that underlie economic growth[J].Progress in Human Geography, 2011, 35（1）: 58-80.

[182] Gordon I R, Mccann P.Industrial clusters: complexes, agglomeration and/or social networks[J].Urban Studies, 2000（37）: 513-532.

[183] 汪晓东，张炜，赵梦阳.为中华民族伟大复兴打下坚实健康基础——习近平总书记关于健康中国重要论述综述[J].台声, 2021（16）: 24-37.

[184] Porter M.Location, competition and economic development: Local clusters in a global economy[J].Economic Development Quarterly, 2000（14）: 15-34.

[185] Martin R, Sunley P.Deconstructing industrial clusters: chaotic concept or policy panacea? [J].Journal of Economic Geography, 2003, 3（1）: 5-35.

[186] Granovetter M.Economic action and social structure: The problem of embeddedness[J].American Journal of Sociology, 1985, 91（3）: 481-510.

[187] 张翼.2020年我国研发经费投入再创新高[N].光明日报, 2021-09-23（11）.

附　录

云南区域知识资本调查问卷

您好！

　　这是一个关于云南区域知识资本的调查问卷，若没有您的帮助，我们将无法顺利完成。您所填答的问卷只是做整体统计分析之用，绝不会对外公开，只要按照您的真实看法来回答即可，请您不要遗漏任何一题，非常感谢您对本研究的支持！

请根据您对下列区域知识资本的看法和实际情况，在相应的框格（□）内打"√"		非常不符合	比较不符合	有点不符合	不确定	有点符合	比较符合	非常符合
RHC01	我省劳动力充足	□	□	□	□	□	□	□
RHC02	我省劳动力技能与工作岗位一致	□	□	□	□	□	□	□
RHC03	我省教育水平能够满足经济的发展要求	□	□	□	□	□	□	□
RHC04	我省医疗状况能够适应当地的需要	□	□	□	□	□	□	□
RHC05	我省职工有自己的专有技术	□	□	□	□	□	□	□
RHC06	我省职工有部分收入用于自己的培训	□	□	□	□	□	□	□
RIS01	我省历史悠久	□	□	□	□	□	□	□
RIS02	我省文化遗产特别是民族文化丰富多彩	□	□	□	□	□	□	□

续表

请根据您对下列区域知识资本的看法和实际情况，在相应的框格（□）内打"√"		非常不符合	比较不符合	有点不符合	不确定	有点符合	比较符合	非常符合
RIS03	我省区域形象得到公众的认同	□	□	□	□	□	□	□
RIS04	我省内部交通网络发展较快	□	□	□	□	□	□	□
RIS05	我省行政效率逐年提高	□	□	□	□	□	□	□
RIS06	我省基础设施趋于完善	□	□	□	□	□	□	□
RES01	我省在省外有较高的美誉度	□	□	□	□	□	□	□
RES02	我省在周边国家有较高的美誉度	□	□	□	□	□	□	□
RES03	我省与省外国外交通发达	□	□	□	□	□	□	□
RES04	旅游收入大多来源于省外乃至国外	□	□	□	□	□	□	□
RES05	我省与省外、国外交往密切	□	□	□	□	□	□	□